● 임cine 영상시나리오집

우리, 영화
좀 찍어요!

차례

"영화는 지루한 부분을 편집한 인생이다"

– 알프레드 히치콕 (Alfred Hitchcock) –

우리! 영화 좀 찍어요

김보연

사실 이렇게 영화를 열심히 하게 될지 미처 몰랐습니다. 과거 어느 때의 나는 그저 영화관에서 상업영화를 즐겨 보던 한 사람이었을 뿐입니다. 함께 하는 이들도 나와 크게 다르지 않았을 것입니다.

하지만 우리는 임cine라는 이름으로 영화 제작에 직접 참여하고 있습니다. 배우가 되기도 하고 연출을 하기도 하고 때로는 카메라를 들기도 합니다. 2016년부터 이렇게 다양한 역할들을 경험하면서 한 해 두 편 정도의 영화를 계속 만들었습니다. 이 책은 우리가 만든 영화에 사용된, 직접 쓴 시나리오를 담은 것입니다.

이 영화들이 일반 상업영화나 수준 높은 다른 단편영화들과 비교할 때 부족한 점이 많다는 것을 잘 압니다. 영화를 전공하지도 않았고 영화에 대해 약간의 교육만을 받았을 뿐이니까요. 하지만 우리는 그저 영화를 좋아한다는 이유로 모였다가 결국 '영화 좀 찍는 동아리, 임cine'로 하나가 되었습니다.

언젠가 이런 질문을 던진 적이 있습니다.

'왜 이렇게 영화 만드는 일을 계속 하고 있지?'

크게 돈을 버는 것도, 유명해지는 것도 아니고, 오히려 평일 저녁과 주말의 시간을 빼앗기는데 그것을 감내하면서까지 왜 이렇게 영화를 계속 만들고 있는 것일까요? 그것은 함께 계속해서 찾아가야 할 삶의 해답 가운데 하나가 아닐까 합니다.

처음 이 책을 기획했을 때 함께 모여 기획하고 시나리오를 쓰고 서툴지만 함께 촬영하고 편집을 하면서 하나가 되는, 그렇게 한 편의 영화를 만들어낸 과정 전부를 담고 싶었습니다. 하지만 우리의 역량 부족으로 시나리오와 현장사진, 영화의 스틸사진만을 담았습니다. 언젠가 다시 우리의 이야기를 조금 더 세밀하게 담을 기회가 반드시 올 것입니다.

우리는 지금 커다란 변화의 시기를 마주하고 있습니다. 2016년부터 영화 제작에 참여를 했으니 아마추어지만 이제는 어엿한 중견(?) 영화동아리이기에 앞으로 어떻게 이 모임을 이끌어갈지를 고민해야 합니다. 이 책은 그러한 커다란 변화의 고개 앞에 서서 우리 자신을 한 번 더 돌아보게 할 것입니다. 시나리오와 인터뷰, 후기의 행간에는 우리들의 추억과 반성과 희망과 도전의식이 담겼다고 해도 지나치지 않을 것입니다.

그래서 우리는 이 책이 누군가에게 마중물이 될 수 있기를 희망합니다. 좋아하는 것을 시작할 용기, 새로운 삶에 도전해볼 용기, 다름을 인정하며 서로에게 배우고 겸손해질 수 있는 용기, 그래서 '나'로부터 '더 큰 나', '우리'로 나아갈 수 있는 용기를 불러 일으키는데 말입니다.

2022년 2월 22일

잔잔한 감동을 주는 그들

이은상 지도감독

　결론부터 말하자면, 이 어려운 작업을 특별히 글쓰기 훈련을 해오지 않은 일반인들이 해낸 것에 일단 축하의 박수를 보낸다.

　몇 해 전부터 전라북도에서는 전주시민미디어센터와 함께 주민시네마스쿨이라는 사업으로 각 시군별 주민들이 직접 시나리오 창작부터 연기, 촬영을 할 수 있도록 영화 만들기 교육 사업을 추진하였다. 임cine와 나의 인연은 임실주민시네마스쿨 수강생과 강사로 시작됨을 먼저 밝힌다.

　모든 인간에게는 창작의 욕구가 있다. 임cine 동아리는 그

욕구로 글을 써 시나리오로 만들었고, 그 글은 영상으로 옮겨져 작품으로까지 만들어졌다. 한마디로 말하자면, 창작 욕구로부터 임cine 동아리가 시작되었다. 그래서 지금까지 잘 유지되고 있는지 모른다.

시나리오는 참 애매한 글이다. 기본적으로 상상력이 최우선되어야 함은 물론 동시에 '구현할 수 있는가?'를 매번 자가 진단하며, 여러 조건을 갖춰야만 하나의 시나리오가 완성된다.

해를 거듭할수록 영화적 창작 욕구가 넘치는 그들을 보며 '자신들의 이야기'를 영화로 만드는 조용한 열풍이 불고 있다고 생각한다. 삶의 어느 시점에 이르러 '자신이 창작한 이야기를 글로 그리고 이미지로 만들어내고 싶다'는 욕구가 발현되는 것이다.

비록 임cine 동아리가 세간의 화려한 주목을 받는 것은 아니지만 '보통 사람들'에 의해 지금도 어디에선가 그들만의 글쓰기, 영화 만들기가 묵묵히 지속되고 있다는 사실은 우리에게 잔잔한 감동을 준다.

이 시나리오집은 그 노력에 대한 하나의 작고 소중한 결과물이다. 또한, 시나리오집은 글쓰기에서 끝난 것이 아니라 영화화 되었고, 크고 작은 영화제에 상영하며 관객들과 만나 소통한 것에 큰 의미를 두고 싶다.

---

* 영화감독, <사선에서>, <복날>, <짝퉁엄마>

용
어
정
리

EXT.(Exterior) : 외부 장면

INT.(Interior) : 내부 장면

P.O.V.(Point of View) : 1인칭 시점의 촬영으로 시청자가
직접 눈으로 보는 듯한 시각적 효과를 내는 방식

ELS. : Extreme Long Shot

LS. : Long Shot

FS. : Full Shot

BS. : Bast Shot

HH. : Hand Held

CU. : Close Up

Zoon in(out) : 카메라를 고정시킨 채로 피사체에 다가가거
나(줌인) 멀어지는 기법(줌아웃)

Till up(down) : 카메라의 위치는 고정시키고 카메라 앵글만
상향 또는 하향시키는 기법

Insert cut. : 씬의 의미를 완전히 이해하는데 필요하거나 어떤
동작이나 상황을 강조하기 위해 삽입한 화면

* 시나리오의 씬넘버 부여와 용어 표기 방식은 연출자가 작성한 방식을 그대로 따르되 전체적인
통일성을 위해 문단양식 등은 영상시나리오집 <만추>를 참고하였습니다.

영화1 - 비온뒤

1. (프롤로그)EXT. 마을-낮

맑은 하늘, 논, 밭과 집들이 보이는 마을 전경을 훑고 지나간다.

타이틀 : 비온뒤

2. INT. 세영의 집 마루-오전

마루에 앉아 통장을 뒤적거리며 수심 가득한 표정으로

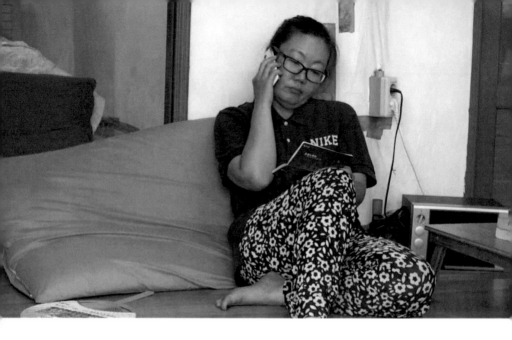

한숨을 짓고 있는 세영.

이때 세영의 휴대폰 진동이 울린다.

세영   (휴대폰을 들어 통화버튼을 누르며 힘없는 목소리로)

       응. 은정아! 오랜만이야. 잘 지내지?

(은정)   응, 그렇지 뭐. 근데, 너 어디 아프니? 목소리가 왜 그래?

세영   은정아, 나 귀농이고 뭐고 때려 치고 다시 올라 갈까봐

(은정)   (약간 놀리는 투로) 뭐야~ 마당이 있는 전원주택에

       서 바비큐파티 해줄테니 놀러오라고 할 때는 언제

       고? 겨우 1년도 못돼서 항복하는 거야?

세영   (한숨을 쉬며) 그러게.

(은정)   (걱정스런 말투로) 옆집 아줌마가 지금도 힘들게 해?

도대체 왜 그러지? 텃새부리는 건가?

세영 그것도 그렇구. 이렇게 언제까지 버틸 수 있을지
도...(말끝을 흐린다.)

전화를 받으며 발치에 내려 두었던 통장을 바라본다. 구
멍 난 양말을 손으로 가리며 또 한 번 한숨을 쉰다.
이때 마리가 짖어 대는 소리에 고개를 든 세영의 눈에
텃밭에서 제초제를 뿌리고 있는 임실댁이 보인다.

세영 (분노에 찬 목소리로) 저 아줌마가 또!
(다급한 목소리로) 은정아. 일단 끊어! 내가 전화할께!
(은정) 야! 무슨 일이.... 야

3. EXT. 텃밭-오전
임실댁이 아무런 보호장구도 없이 텃밭에 제초제를 뿌
리고 있다.

세영 (부탁조로) 아주머니, 제가 밭에 풀약할 때 미리 알려달
라고 부탁드렸잖아요!
(원망하는 말투로) 저희 밭에 제초제 안 닿게 해야 된다
고 말씀드렸잖아요~!

임실댁은 처다보지도 않고 제초제를 계속 뿌리며

임실댁 (코웃음을 치며) 이게 무슨 풀밭이지 농사짓는 밭이여?
실~컷 풀약 해놓으면 금새 우리 밭까지 풀이 넘어와서
내가 아주 미쳐~!

풀 한 포기 없는 임실댁의 밭과 풀이 듬성듬성 자란 세
영의 밭이 비춰진다.

세영 (목소리를 높이며) 제초제 뿌려서 농사 지은 게 사람 몸
에 좋겠어요!! 저희는 유기농이에요
임실댁 (고개를 들고 세영을 향해 삿대질을 하며) 유기농은 무
슨 개뿔. 게을러 터져가지고는.... 대신 약을 해주면 고
맙다고는 못할망정....

세영은 기막히고 억울한 표정으로 씩씩대며 아무 말도
하지 못하고 서있다.
머리수건을 벗어 바지를 탈탈 털며 밭에서 나오는
임실댁.
집으로 들어가는 임실댁의 뒷모습을 향해 마리가 짖
는다.

임실댁 (돌아서 마리를 향해 눈을 부라리며) 저놈의 개시키 때
문에 못살아. 하도 짖어대서 잠을 잘 수가 없당게~! 저
놈의 개시키 당장 치우라고 내가 몇 번을 말혀 !

새영 (화를 내며) 마리는 우리 식구나 다름없어요. 대체
어디로 치우라는 거예요?

임실댁 (빈정대며) 식구? 뭔 놈의 개족보가 개랑 사람이랑
식구여?

임실댁이 고개를 흔들며 집으로 들어간다.

4. EXT. 세영의 집 마루-낮

세영이 분을 못삭이는 듯 씩씩거리며 마루에 앉아 있는
데 세영의 남편이 힘없이 들어와 마루에 걸터앉는다.

세영　　 (하소연하는 목소리로) 여보! 옆집 아줌마 때문에 못살
　　　　 겠어요. 아까도 텃밭에 제초제를 뿌리고 있어서 한바탕
　　　　 했어요. 나보고 게을러 터져서는 풀도 안 매면서 약 쳐
　　　　 주면 고맙게 알라나 뭐라나?
세영남편 (한숨을 쉬며) 시간이 지나면 좀 괜찮아지겠지.
세영　　 (조심스런 목소리로) 근데.... 갔던 일은 잘 됐어요?

　　　　 아무런 대꾸도 없는 세영의 남편.
　　　　 축처진 남편의 뒷모습을 바라보며 같이 한숨짓는 세영.

5. EXT. 세영의 집 마당-낮

마리에게 줄 밥을 들고 마당으로 내려온 세영.

마리의 집이 텅 비어있다.

세영   (이쪽 저쪽을 둘러 보며) 마리야. 밥 먹자. 마리야.
       마리야~!

카메라가 세영의 마당을 한 바퀴 휘돌아 보여주는데
마당 어디에도 마리가 없다.

6. EXT. 임실댁 밭-낮

마리를 부르며 골목으로 나온 세영.

밭에서 농약을 치고 있는 임실댁을 발견한다.

세영   (다급한 목소리로) 아주머니. 혹시 우리 마리 못 봤어요?
임실댁   (세영을 쳐다보지 않고 밭일을 계속하며) 몰라! 내가 그
       놈의 개시키를 어찌 알아? (기침을 하며) 갸도 발 달
       렸응게 어디로 내뺀 모양이지.

임실댁의 무심한 말투에 화가 나지만 참고 다시 마리를
부르며 찾으러 골목길로 들어간다.

7. EXT. 마을 뒤 산길-낮

평소 마리와 산책하던 마을 뒤 산길에 오르는 세영.
풀이 수북하게 우거진 곳까지 들어가서 샅샅이 마리를
찾는다.

세영   (울먹이며) 마리야. 마리야. 마리야~~~

8. EXT. 임실댁 밭-낮

뙤약볕 아래서 밭에다 농약을 치고 있는 임실댁.
어지러운 듯 머리에 손을 얹다가 비틀거리며 갑자기 쓰
러진다.

마리를 찾으러 다니다 텃밭을 지나가던 세영.
쓰러진 임실댁을 발견하고 달려간다.

세영   (다급한 목소리로) 아주머니. 아주머니. 정신 좀 차리세요!

가쁜 숨을 몰아쉬며 흔들어도 의식이 없는 임실댁.
세영은 휴대폰을 꺼내 전화를 한다.

세영   (다급한 목소리로) 119죠? 여기 사람이 쓰러졌어요!

9. INT. 응급실-낮
119구급차 사이렌 소리와 함께 응급실이라는 글자가 클
로즈업됐다가 페이드 아웃된다.

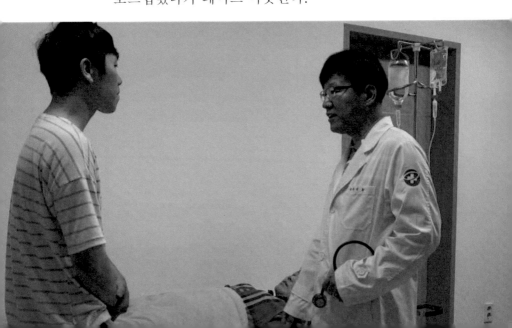

10. INT. 임실댁의 집 안방-늦은 오후
임실댁이 누워있고 아들이 옆에 앉아 있다.

아들   (걱정스런 눈길로) 엄마! 좀 괜찮아요? 옆집 아줌마 아니
         었으면 정말 큰일 날 뻔 했어요. 119 신고하고 병원까
         지 따라가 주고. 나한테도 연락해주고... 빨리 발견해서
         다행이지 이 더운 날에 어쩔 뻔 했어?
임실댁   (힘없는 목소리로) 너한테까지 전화하고 왠 호들갑이야
세영   (겸연쩍은지) 저는 그만 가볼께요.

임실댁, 뭔가 생각할 것이 있는 듯 아무 대꾸도 없이
돌아눕는다.

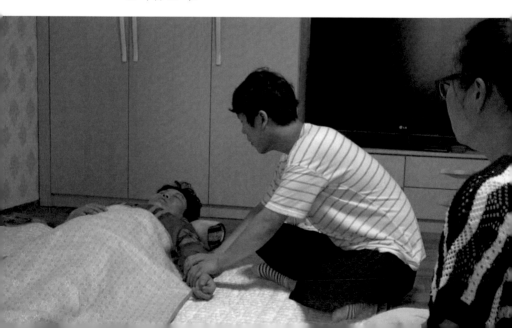

11. EXT. 임실댁의 집 앞-늦은 오후
세영을 뒤따라 나오는 아들.

아들   오늘 정말 고맙습니다.
      옆집에 이렇게 좋은 분들이 계셔서 다행이에요. 그런
      데, 저희 어머니 성격이 좀 고약하시죠?

세영은 말없이 씁쓸한 미소를 짓는다.

아들   (회상하는 듯) 어머니께서 예전에 여기 살던 귀농부부랑
      은 참 잘 지내셨는데...

      이런 시골 동네에 젊은 사람들이 들어와 같이 사니까 사
      람 사는 동네 같다며 좋아하셨는데. 그 사람들이 어느 날
      말도 없이 사라져버렸어요. 동네에서 귀농지원금만 받아
      먹고 도망갔다고 난리가 났었죠. 그때부터 귀농한 사람
      들을 믿지 못하게 된 거 같아요. 어차피 또 떠나 버릴 거
      니까 정주지 않겠다는 생각이시겠죠.(아들이 대사를 할
      때 화면 - 예전에 세영이네 집에 살던 여자와 임실댁
      이 돌담 위에서 음식을 나누며 밝게 웃고 있다.)

12. EXT. 세영의 집 마루-오후

세영, 마루에 걸터앉아 돌담을 쳐다본다.
(아들이 대사를 할 때 화면 - 예전에 세영이네 집에 살던 여
자와 임실댁이 돌담 위에서 음식을 나누며 밝게 웃고 있다.)

13. INT. 임실댁의 집 안방-늦은 오후
누워 있던 임실댁이 자리에서 일어나 앉는다.
옆에 있던 물 한잔을 마시고는 결심한 듯 일어나 밖으로
나간다.

14. EXT. 시장-늦은 오후

임실댁이 무언가를 찾는 듯 시장을 두리번거리고 다니고 있다.

보신탕 집 앞에 있는 개장에서 마리를 발견한 임실댁.

마리도 임실댁을 알아봤는지 멍멍 짖으며 꼬리를 흔든다.

15. EXT. 세영의 집 마당-늦은 오후

체념한 듯 한숨을 쉬며 개집 앞에 웅크리고 앉아 있는 세영.

개짖는 소리에 놀라 고개를 대문 쪽으로 돌리며 일어선다.

임실댁이 마리와 함께 대문 앞에 서있다.

세영을 보고 짖으면서 꼬리를 치며 달려오는 마리.

임실댁과 세영은 서로 마주보며 환하게 웃는다.

16. EXT. 세영의 집 돌담－낮

돌담에서 세영과 임실댁이 그릇에 음식을 담아 서로에게 넘겨주며 활짝 웃고 있다.(마리가 짖는 소리가 들린다.).

카메라가 돌담 위로 이동하면서 맑은 하늘과 푸른 밭, 마을 전경을 훑고 지나가며.

페이드 아웃

<비온뒤> STAFF
프로듀서 이차섭, 연출 한미연, 조감독 황경애, 촬영1 박미숙,
촬영2 이상식, 촬영3 권영대, 사운드 이차섭, 붐오퍼 김연수·
김정오, 소품 이주해, 각본 한미연·박미숙, 지도강사 이은상·
김이삭

<비온뒤> CAST
임실댁(김보연), 세영(이주해), 세영 남편(이상식), 임실댁
아들(김이삭), 응급실 의사(김연수), 마리(마리)

영화2 - 함께라면

1. (프롤로그)EXT. 마을-낮 / INT. 보건소 안-낮

카메라가 마을 전경을 훑고 지나간다.

방송 앰프를 비추고

보건소 문=>보건소 벽에 붙은 독감예방접종 안내문을
비춰준다.

(무료: 65세 이상 노인, 기초생활수급권자, 국가유공자,
외국인이민자, 사회복지시설 생활자, 유료: 성인(7,500
원), 생후 12~35개월(7,000원))

삐~

도영   아! 아! 주민 여러분께 안내말씀 드립니다. 오늘 청웅보
        건지소에서 독감예방접종을 하니까 주민 여러분께서는
        주민등록증이나 건강보험증을 지참하시어 청웅보건지
        소로 나와 주시기 바랍니다. 다시 한 번 안내말씀
        (fade-out)

        타이틀 : 함께라면

        2. INT. 보건소 대기실-오전
        보건소 직원이 사람들에게 독감예방접종을 하고 있고
        몇 명의 사람들이 예방접종 예진표를 쓰고 있다.
        영숙이 예진표를 들고 주사를 맞기 위해 대기실로 나온
        다.
        한 중년의 남자가 윗도리를 벗고 주사를 맞고 있다.
        주사를 맞고 뒤로 물러나는 남자

보건소 직원   (예진표를 받아보며) 이영숙님?
영숙   네
보건소 직원   주사를 어깨에 맞으셔야 하는데요?

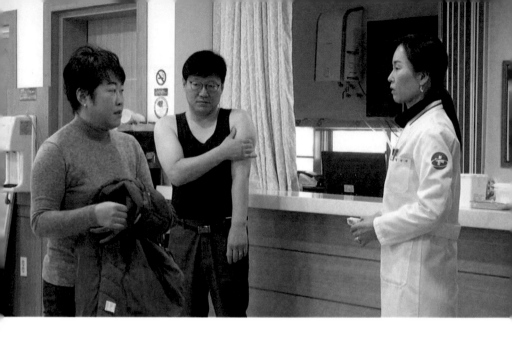

영숙은 난감해 하며 쭈뼛거린다.

보건소 직원 　　 잠깐 팔만 빼주시면 되는데, 아무도 안처다봐
　　　　　　　　요, 걱정마세요~

난감해 하며 중년의 남자를 힐끗 바라보고는 고개를 돌
리는 영숙.
그제서야 눈치를 챈 보건소 직원은 영숙을 데리고 주사
실로 들어간다.

3. INT. 보건소 대기실/주사실 - 오전

보건소 문을 활기차게 열고 들어오는 도영

도영   박선생님!

옷을 입으려던 중년 남자, 도영을 바라보며 주사실을 턱으로 가리킨다.

도영   (주사실 문을 벌컥 열며) 박선생님!

한쪽 팔을 빼고 속옷 차림으로 주사를 맞고 있던 영숙과 박선생이(BS) 깜짝 놀라 소리를 지른다.

도영   (놀라 문을 닫았다가 잠시 뒤 다시 열며) 미안합니다!
              (하고 문을 다시 닫는데 입가엔 장난스런 미소가 번진다.)

보건소 직원   (주사실에서 새침하고 화난 말투로) 이장님!!!

도영   (한 손을 들어 이마에 대고 웃으며) 아! 미안합니다~!

보건소 직원   (주사실에서 나와 도영을 꼬집으며) 으휴~ 주책이야~!

영숙   (옷매무새를 바로 잡고 나오며 알콜솜을 수거함에 버린 후 도영을 보고 당황한 듯 급하게 인사를 하고 보건소 밖으로 나가며) 수고하세요!

보건소 직원   안녕히 가세요~

도영   (웃으며 그 모습을 바라보다가 고개를 갸우뚱하며) 누구
           지? 내 스타일인데?

보건소 직원   모르세요? 얼마 전에 이사 오셨는데? (도영에게
           바싹 다가가며 속삭이듯 말하며) 저분도 참 안됐어요~

도영   왜?

보건소 직원   무슨 일인지 이혼하고 혼자 내려오셨대요.

도영   그래?

보건소 직원   예전에 남산리 살았다던데? 이장님이랑 같은
           동네 아니에요?

도영   (들릴 듯 말듯 한 혼잣말로) 지난 번 이사 온 이영숙이
           그 영숙이었어? (영숙의 주사를 맞다가 놀라는 모습과
           황급히 나가는 모습 오버랩(fade out)

insert cut

흔들리는 단풍나무, 떨어진 단풍잎 등

4. EXT. 버스정류장 앞-아침

영숙이 버스정류장 앞에 추위에 떨며 서있다.(LS=>FS)
도영, 오토바이를 타고 지나가다 버스정류장 앞에 서있
는 영숙을 발견하고 멈춰선다.

도영   저기 너 혹시 영숙이 아니냐?

영숙, 놀라고 의아하다는 눈빛으로 오토바이 위에 앉은
도영을 가만히 쳐다본다.

도영   (오토바이 시동을 끄고 내려와 헬멧을 벗으면서) 나야나
정도영. 기억 안나니?

영숙, 꿈속을 헤매는 듯한 멍한 눈빛으로 도영을 바라본
다.

도영   (답답하다는 듯 조금 더 영숙을 향해 다가서며) 남산리
       정도영라고...

영숙   (부끄럽고 당황스러운 듯 옷매무새를 고치며) 도영 오
       빠?

도영   (함박웃음을 터뜨리며) 그래 그 도영오빠. 하하하. 지난
       번에 보고 혹시나 했더니 너였구나? 정말 반갑다. 이게
       얼마 만이냐? 근데 지금 어디 가니?

영숙   (쭈뼛거리며) 일하러 가요.

도영   아침부터 어디로?

영숙   (망설이며) 만두공장이요.

도영   (영숙이 망설이는 이유를 알겠다는 듯) 아~! 만두공장~!
       마침 나도 그 쪽으로 가는데 탈래?

영숙   (손사래를 치며) 아니에요.

       도영, 당황하는 영숙을 잡아 끌며 오토바이에서 헬멧을
       꺼내 씌워준다.
       힐끗 영숙의 맨 손을 보더니 무심한 듯 자신의 장갑을
       벗어서 내민다.
       영숙, 얼떨결에 장갑을 받아들고 도영에게 끌려가다시
       피 오토바이에 앉는다.

도영   (오토바이 시동을 걸며) 꽉 잡아.

영숙, 처음에는 멀찍이 떨어져 살짝 도영의 허리를 잡았
다가 점점 속도가 빨라지자 춥고 무섭고 숨이 막혀 도영
의 등에 기대어 손을 꼭 움켜잡는다.

insert cut
닭장 안에서 계란을 빨간 바구니에 담고 있는 도영 F.S

5. EXT. 영숙의 집 앞 골목-낮

도영이 영숙의 집 앞 골목길을 서성이고 있다.

마을 사람3이 다가오니 황급히 인사를 나누고 골목길을 떠난다.

카메라가 영숙의 집 마루 위에 놓인 계란이 담긴 빨간 바구니를 비춘다.

6. EXT. 영숙의 집 마루-늦은 오후

영숙의 집 앞에 오토바이가 세워져 있다.

영숙의 집 안으로 카메라가 이동하면 도영과 영숙이 마루에 앉아 무언가를 쓰고 있는데 마루에 형광등이 깜빡거린다.

귀촌 주택개량자금 지원 신청서 제목 카메라 CU

도영   (지원서를 손가락으로 가리키며) 이제 여기에 도장
       만 찍으면 돼. 지원금이 한 500만원 나올거야.

영숙   아 네~ 정말 고마워요!

화면이 Fade out 되었다 밝아지면

도영이 의자를 놓고 올라가 형광등을 갈고 있다.
영숙은 등받이가 없는 의자에 올라선 도영이 흔들거
리며 형광등을 가는 모습을 보며 잡아줘야 하나 어
쩔 줄 몰라하며 서 있다.

도영   (그 모습을 내려다보고 미소지으며) 영숙이 넌 지금

도 예쁘다~!

영숙　(부끄러워 하며) 내 나이가 몇인데... (하는데 불이 활짝 들어온다.)

도영, 의자에서 내려오려는데 삐끗하며 흔들린다.

영숙이 잡아주려고 손을 내밀다 둘의 손이 맞닿는다.

당황하는 영숙과 도영, 도영이 의자에서 내려선다.

영숙　고마워요!

도영　고마우믄 라면이라도 하나 끓여주든가.

영숙　라면.... 없는데.

도영　(서운한 듯 웃으며) 라면 하나 적립 있다! (하며 나간다)

도영이 영숙의 집을 나오는데 남루한 영숙의 집 여기 저기가 보인다.(POV)

insert cut

영숙의 집 찬장에 있는 라면

오토바이를 타고 멀어져 가는 도영

7. EXT. 영숙의 집 마루-낮

영숙이 자신을 부르는 소리에 나와 보니 도영이 서
있다.

영숙   (웬일인지 의아해하며) 오셨어요?
도영   (봉투를 내미는 도영) 지난번에 신청했던 귀촌 지원
         금, 그게 나와 가지고.
영숙   벌써요?

마침 영숙의 집에 오던 은정이 이들의 대화를 듣게
되고 분개하는데.
마루에 유기농토마토 박스가 놓여 있다.

유기농 토마토 박스 POV->CU

은정   뭐~야? (화가 나서 그 자리를 떠나는 은정)

8. EXT. 영숙의 집 앞 골목길-낮
씩씩거리며 골목길을 나오던 은정, 마을사람1, 2와 마주친다.

은정   세상에! 이장님이 여자한테 홀려도 단단히 홀렸나봐요.
마을사람1   무슨 말이야~
은정   귀촌 지원금 말이에요. 제가 먼저 신청했는데 글쎄 영숙
      아줌마를 먼저 갖다 준 거 있죠?
마을사람2   뭐야? 이장님이 그럴 리가 없는데.
은정   방금 이장님이 그 아줌마한테 귀촌 지원금이라면서 봉
      투를 갖다주는 걸 똑똑히 봤다니깐요!
마을사람1   허긴~ 요즘 맨날 그 여자 꽁무니만 따라 다니
      느라 아주 정신이 나갔더구만.
은정   맞아요. 지난번에 제가 이장님한테 준 토마토도 그 집에
      있더라구요.

      도영이 영숙의 집에서 나와 오토바이를 타고 가는데 영
      숙이 돈봉투를 든 채로 나와 배웅을 한다.

그 모습을 바라보고 수근대는 마을 사람들.
돌아서 집으로 들어가려다 수근거리고 있는 마을사람들
을 보고 다가가려는 영숙.

영숙   안녕하세요?

은정과 마을사람들이 이야기를 그치고 째려본다.
영숙, 겸연쩍고   당황하여 돌아서니 다시 시작되는
영숙의 뒷담화.

마을사람1   근데 이혼은 왜 했대?
마을사람2   하는 짓 보니 바람이라도 폈나보지~

은정   완전 불여우라니까요. 이장님 홀려서 저한테서 지원금
      까지 가로채고.

      영숙, 집으로 들어가려다 멈칫하고 자신의 뒷담화를 듣
      게 된다.

9. EXT. 버스정류장-오전
버스정류장에 영숙이 서 있다. 도영이 오토바이를 타
고 다가오는데 한쪽에서 수근거리며 바라보고 있는
마을 사람들.

도영   (영숙에게 반갑게 인사하며 다가가 오토바이 시동을 끄
      며) 영숙아!
영숙   (마을 사람들 눈치를 보며) 앞으론 저한테 아는 척 하지
      마세요!

      도영, 마을 사람들이 수근거리고 있는 것을 눈치 채고
      멋쩍어한다.
      영숙, 마침 도착한 버스에 피하듯이 올라탄다.

      도영, 멀어져가는 버스를 바라본다.

10. INT. 도영의 집 거실-오후

도영이 집에 앉아 혼자서 깡소주를 마시고 있다.

술병이 하나인 술상(CU)

이때 도영의 아들 지훈이 인사도 없이 들어와 도영에게

화가 난 듯한 말투로 말한다.

지훈   아버지, 동네 사람들이 뭐라고 하는지 아세요?

도영   뭐라는데?

지훈   요즘 일은 뒷전이고 연애사업으로 바쁘시다면서요?
       다들 뭐라고 수근거리는 줄 알아요? 여자한테 홀려
       서 정신 못차리신다고 그래요. 귀촌 지원금도 다른

분 차례인데 그 아줌마 갖다 주셨다면서요? 정말 창피해서 못살겠어요.

도영   (지훈을 노려보며) 뭐야? 내가 챙피해?

지훈   그 아줌마는 아무것도 없다면서요. 어머니 돌아가시고 허전하셔서 그러시는가 본데요. 아버지 잘 생각해보세요. 그분이 아버지 재산 노리고 접근한 건 아닌지?

도영, 바닥이 거의 보이는 병을 들어 술을 따르려다 화가 난 듯 새 소주병을 따서 잔에 따른 후 벌컥 마신다.

지훈   아무튼! 저는 우리 집에 다른 사람 들어오는 거 싫어요! 절대 반댑니다.

카메라가 술상을 비추면 술병이 늘어나 있고 지훈은 못마땅한 듯 술상 옆에 앉아 있다.

도영   (안주도 없이 소주를 들이켜고) 지훈아 너는 재원애미 만날 때 돈 때문에 만났냐? 나는 그 사람 보면 그냥 좋다. 뭔 말이 필요하냐?

영숙이 돈봉투를 들고와 현관문을 두드리려다(돈봉투 CU) 안에서 들리는 도영과 지훈의 말소리에 멈칫 선다.

도영   나는 그 사람 만나면 가슴이 뛰고 사는 게 즐겁다! (지훈
            을 돌아보며) 너도 사랑을 해봤으니 알 거 아니냐?

지훈 당황하는 모습(BS), 너도 사랑해봤으니 알 거 아니
냐?(eco)
도영의 쓸쓸한 옆모습(BS)

11. EXT. 도영의 집 앞 골목길-오후
영숙이 붉어진 얼굴로 여전히 돈봉투를 든 채로 골목길
을 걸어가는데, '너도 사랑해봤으니 알 거 아니냐'는
도영의 말이 오버랩된다.(너도 사랑해봤으니 알 거

아니냐?(eco) 두근두근 Sound)

insert cut
돈봉투, 계란이 담긴 빨간 바구니? 등

12. INT. 은정의 집 방안-오후
은정이 화난 모습으로 방에 앉아 휴대폰으로 면사무소
직원과 통화를 하고 있다.

은정   (화난 말투로) 귀촌 지원금 제가 먼저 신청했는데 왜 저
       보다 늦게 신청한 이영숙님이 먼저 받았죠?
면사무소 직원   네? 무슨 말씀이신지? 올해엔 지원금 아직 안

나갔는데요.

은정   아니! 우리 동네 아줌마가 며칠 전에 받는 걸 제가 봤다니깐요?

면사무소 직원   그럴 리가 없는데요? 예산이 인제 내려와서 안 그래도 김은정씨께 연락드리려고 했습니다.

은정   (전화를 끊고 의아해하며 혼잣말로) 그럼 그때 그 돈은 뭐지?

(도영이 영숙에게 돈을 갖다 주는 씬 오버랩)

13. EXT. 영숙의 집 마루-오후

은정과 영숙이 마주보고 앉아 얘기를 하고 있다.
그들의 옆에 은정이 가져온 듯한 사과 몇 알이 바구니 안에 들어있다.
여전히 마루에 놓여 있는 유기농토마토 상자.(은정 POV)
상자 안에는 고구마 몇 알이 들어있다.(상자 안의 고구마 CU)

은정   근데 이상해요. 면사무소 직원이 귀촌 지원금 제가 올해 처음으로 나온 거라던데요?

영숙 그럼 그 돈은...

은정 아마도 그건 이장님표 귀촌 지원금인가봐요~ 이장님~
      생각보다 로맨틱하시네요! 이장님이랑 잘해보세요.
      두분 정말 잘 어울려요!!!(하고 웃으며 나간다.)

      남겨진 영숙 어리둥절해 하는데 너도 사랑해봤으니
      알거 아니냐는 도영의 말이 오버랩된다.(너도 사랑
      해봤으니 알 거 아니냐?(eco) 두근두근Sound)

14. EXT. 만두공장 앞-오후
만두공장 앞 저만치에 도영이 자동차를 멈추고 서
있다.(ELS->FS)
도영의 품 안에는 붕어빵이 들어 있다.(붕어빵 CU)
만두공장에서 사람들이 나오기 시작하니 시동을 걸고
있다가 영숙이 나오니 다가가서 차를 세운 후 창문을 내
리고 클락션을 누른다.

영숙 (깜짝 놀라며) 어! 도영 오빠!

도영 지나가는 길에 만두공장이 끝난 것 같길래. 집에 가지?
      타!

영숙 괜찮은데~(하면서 도영의 차 문을 열고 탄다.)

도영 　(무심한 듯 붕어빵을 내밀며) 아까 오는데 누가 주더라고. 난 이런 거 잘 안먹으니까.

영숙, 붕어빵을 받아들며 아직 따뜻한 온기를 느끼며 미소짓는다.

15. EXT. 영숙의 집 앞-늦은 오후
멀리서 다가오던 자동차가 영숙의 집 앞에 멈추고.
영숙이 내린다.

영숙 　고마워요!(하고 차에서 내리려다가 도영을 향해 망설이듯 말한다.) 라면 먹고 갈래요?
도영 　(못들은 듯 영숙을 바라보며) 응?

영숙   (멋쩍은 듯 웃으며) 지난번에 적립해 놓은 라면, 오늘 먹고 갈래요?

16. INT. 영숙의 집 주방—저녁

영숙이 당황스러워하며 이것저것 치운다.

냄비에 물을 올리며 검은 봉지 안에서 라면(불짬뽕)을 꺼낸다.

냄비 안에 끓는 물 CU

영숙   근데, 요즘엔 이장이 주는 귀촌 지원금도 있나 봐요?

도영   (겸연쩍은 듯 웃으며) 뭔 말이야? 난 모르겠는데?

영숙   정말 고마워요.

식탁 위에 놓여 있는 계란이 든 빨간 바구니(CU)

영숙, 불짬뽕 봉지를 찢는데 스프가 3개가 나오니 당황한다.(스프 3개 CU)

(영숙 POV(흐릿하게 보이는 설명서) 라면 봉지 뒷면을 바라보는데 글씨가 보이질 않는다.)

영숙이(영숙 얼굴CU) 눈을 찡그렸다 크게 떴다 해보지만 조리법은 잘 보이질 않는다.(POV(focus in->out->in->out))

영숙, 가방을 뒤져 돋보기를 찾아 끼고는(잘 보이는 설명서 CU) 다시 라면을 끓이기 시작한다.

도영, 사랑스러운 듯 그 모습을 바라보며 미소짓는다.

insert cut

라면 조리법, 돋보기, 파송송 계란탁!

맛있게 끓고 있는 라면

17. EXT. 저수지 뚝방길-오후

저수지 주변 아름다운 풍광을 카메라가 훑고 지나간다.

도영과 영숙이 저수지 뚝방 길을 걷고 있다.(L.S->F.S)

차를 타고 지나가던 지훈이 그 모습을 보고 멀리서 멈춰선다.(지훈의 차 F.S)

지훈의 차 앞 유리창을 통해 바라보는 두 사람의 모습(ELS)

도영이 영숙의 손을 슬며시 잡는다. (맞잡은 손 CU)

미소지으며 걷다가 멈춰서서 도영의 목도리를 여며주는 영숙(BS)

행복하게 미소 짓는 도영(CU)

차에 앉아 그 모습을 바라보는 지훈(B.S)

거기에 도영의 말이 오버랩 된다.(그 사람 만나면 가슴이 뛰고 사는 게 즐겁다! 너도 사랑해봤으니 알 거 아니냐?)

이번엔 영숙이 먼저 도영의 손을 슬며시 잡으니 도영이 영숙을 바라보고 영숙이 도영을 바라보며 미소 짓고 다시 걷는다.

18. EXT. 영숙의 집-늦은 오후
누군가 문을 두드리는 소리에 영숙이 문을 열어보니 도영이 검은 봉지를 들고 서 있다.

영숙   (놀라며) 도영 오빠!

도영, 검은 봉지를 내민다.(검은 봉지 CU)

영숙   이게 뭐예요?

영숙이 검은 봉지를 열어보니 다양한 종류의 라면이 나
오는데 라면마다 조리법이 확대되어 붙어 있다.(라면봉
지 CU)

도영   (샐죽거리며) 딴 놈 앞에서는 돋보기 쓰고 라면 끓이지
말라고!
영숙   (어이없어 하며 웃다가 생각난 듯 말한다) 라면, 먹고 갈
래요?

두 사람 마주보며 웃는다.

insert cut
댓돌 위에 나란히 놓여 있는 신발

19. (에필로그)INT. 도영의 집-오후
도영의 집 거실에 여러 가지 라면봉지가 여기저기
흩어져 있고 도영이 확대 복사해 잘라놓은 조리법을

스카치 테이프로 붙이고 있다.

조리법을 붙이던 도영, 화가 났는지 스마트폰을 들어 라

면회사 고객센터 전화번호를 검색하더니 전화를 건다.

(고객센터)　　　안녕하십니까~? 임실라면 고객센터 황미희입

　　　니다. 무엇을 도와드릴까요?

도영　임실라면이죠?

(고객센터)　　　고객님, 임실라면입니다~.

　　　화면이 어두워지고

　　　고객센터와의 통화내용이 계속되면서.

　　　붕어빵, 계란이 담긴 빨간 바구니, 깜빡거리는 형광등,

냄비 안에 끓는 라면, 확대 복사된 조리법,
확대복사 된 조리법이 부착된 다양한 라면
사진들이 나오면서

도영   거 라면 봉지에 조리법 좀 크게 써놓으면 안되겠소?

(고객센터)   네, 고객님. 라면봉지에 조리법~ 말씀이십니까?

도영   늙은이들은 노안이 와서 조리법이 안보인단 말이요.

(고객센터)   네, 고객님. 노안이 와서 라면봉지에 조리법
         이 안보이신단 말씀이시군요.

도영   요즘 나오는 라면들은 스프도 몇 개씩 있고 조리법도 복
      잡하더구만.

(고객센터)   네, 고객님. 라면 스프가 여러 개 나와서 많~
         이 당황하셨군요~~

도영   라면 하나 끓일 때도 돋보기를 쓰고 끓여야겠소?

(고객센터)   네, 고객님. 라면 끓일 때까지 돋보기를 쓰고
         끓여야 되냐는 말씀이시지요?

도영   아니면 늙은이들은 맨날 스프 하나짜리 맛없는 라면 만
      먹으라는 말이요?

(고객센터)   네, 고객님. 나이 드신 분들도 스프가 여러 개
         있는 맛있는 라면도 드셔야지요~~

유쾌한 음악으로 볼륨up 하면서 통화내용 fade out

컷 소리와 함께 도영과 고객센터 여자의 웃음소리 fade out

화면이 어두워지고

<함께라면> STAFF
프로듀서 이차섭, 연출 박미숙, 조감독 황경애, 각본 박미숙,
촬영1 이상식, 촬영2 권영대, 촬영3 이주해, 편집 김연수,
소품·분장 한미연, 캘리그라피 김윤영, 스크립터 이차섭·
황경애, 지도강사 이은상·김이삭

<함께라면> CAST
정도영 이장(정도영), 이영숙(김보연), 보건소 직원(황경애),
중년의 남자(김연수), 정도영 아들-지훈(이상식), 은정(이주해),
마을 사람1(한미연), 마을 사람2(박미숙), 마을 사람3(권영대),
면사무소 직원(이차섭), 고객센터 여자(박미숙)

영화3 - 할머니의 상장

1. (프롤로그)INT. 마을 풍경 / 자동차 안 - 낮(배우 : 최영미, 다정 / 소품 : 자동차, 노래)

하늘에는 하얀 구름이 떠있고 논에는 초록색 벼들이 넘실대는 조용한 마을의 전경이 화면 가득 펼쳐진다.

도로에 차 한 대가 달리고 있다.

차 속에는 최영미와 다정이가 차에서 흘러나오는 노래를 즐거운 듯 함께 부른다.

차가 마을 입구 쪽으로 진입한다.

마을에 들어선 차에서 갑자기 '펑'하는 소리가 난다.(타이어 터지는 소리 삽입)

펑하는 소리와 함께 화면 어두워진다.

《화면 어두운 상태에서 소리만 삽입》

차문 열리는 소리, 차를 살펴 보는듯한 신발 소리

최영미 (짜증섞인 목소리로 혼잣말) 에~~이. 누가 여기다 이런
　　　걸 버려놨어.....(차속에 있는 딸에게) 다정아 놀랬
　　　지? 괜찮아. 괜찮아.(목소리 점점 조그많게 들린다.)

타이틀 : 할머니의 상장

2. EXT. 박순녀의 집 마당-낮(배우 : 박순녀, 최이장, 최영미,
다정 / 소품 : 쓰레기불, 다정이 가방, 다정이 짐가방, 수박1통)
카메라가 박순녀의 집 골목을 비추고, 박순녀의 집쪽에
서 다투는 소리가 들린다.

《다투는 소리만 삽입》

최이장 (답답하다는 듯) 설마 지금 또 쓰레기 태우고 있는 거예
　　　요?

박순녀 (뻔뻔하게) 그려. 내 집에서 내가 내 쓰레기 태운다
는디 뭐가 워쩌서!!!

소리를 따라 화면에 박순녀의 집 담이 보이면서, 담 너
머로 마당에 있는 최이장과 박순녀가 보인다.(다투는 소
리가 희미하게 들리다가 화면이동에 따라 점점 크게
들린다.)
마당에 박순녀가 쓰레기를 태우다 만 불이 그대로 활활
타고 있다.

최이장 (어이없다는 듯) 귀에 딱지가 앉게 얘기혔구만. 이러다
가 큰일나요. 저 윗동네서 쓰레기 태우다가 신고당한 사

건 몰라요? 잘못허면 잡혀가요.

골목길에 들어서던 최영미는 최이장과 박순녀의 대화를
어렴풋이 듣게 된다.
최영미는 발걸음을 멈추고 둘의 대화를 잠시 듣는다.

박순녀   (역정을 내며) 아.. 그런 얘기 몰러!!! 시끄러!!! 왜 나만
          갖고 그려!!!
최이장   (애원조로) 화만 내지 마시고 잘 좀 허시게요. 저도 힘들
          어요. 지발 부탁 좀 드릴게요. (고개를 숙이며) 그럼 이
          만 가볼게요

박순녀는 가는 최이장 뒷모습에 눈을 흘기며 못마땅한
표정을 짓는다.
최이장은 대문을 열고 밖으로 나간다.
최영미는 걸어가는 최이장의 뒷모습을 보게 되고.
찡그린 얼굴로 입을 삐죽거리고 궁시렁대며 불씨를 뒤
적거리는 박순녀가 대문이 열리며 들어서는 발자국 소
리를 듣게 되고

박순녀   (찡그린 얼굴로) 귀찮게 힐려고 또 왔네. (최이장이 다시
          온줄 알고 착각)

문쪽으로 시선을 돌린 박순녀 최영미와 다정이를 보고
찡그린 얼굴을 환하게 펴며 활짝 웃는다.(C.U)
최영미와 다정이는 박순녀를 향해 걸어온다.
최영미 손에 다정이 짐가방과 수박, 다정이는 가방을 메
고 있다.

최영미　(무덤덤하게) 엄마, 나 왔어.

다정이　(반갑게) 할머니!!!!!!

박순녀　(옷에 손을 서둘러 닦고는 팔을 벌리고) 오메 오메....이
　　　　쁜 내 강아지 왔냐......

다정이가 할머니를 향해 뛰어간다.

다정이　(밝게 웃으며 박순녀에게 매달린다) 할머니~~~

다정이와 박순녀가 포옹하며 좋아한다.
희미하게 미소 짓는 최영미.

최영미　(미소를 거두고) 엄마, 근데 최이장님하고 무슨 일 있었
　　　　어? 싸우는 것 같던데?

박순녀　(그제서야 최영미를 돌아보며 얼버무리듯) 싸우기는...

별일 아녀....

박순녀의 눈빛이 흔들리며 약간 당황한다. (C.U)
fade-out

3. EXT. 박순녀의 집 마루-낮(배우 : 박순녀, 최영미, 다정
/ 소품 : 다정이 가방, 다정이 짐가방, 수박1통)
박순녀가 다정이의 손을 잡고 마루에 걸터앉으며 눈은
계속 다정이를 바라보고 있다.
최영미도 마루에 걸터앉으며 박순녀에게

최영미   (훈계조로) 에잇, 엄마도 참. 그니까, 분리수거 좀 잘
         하지~ 뭐하러 그런 소리 들어?

박순녀   (못들은 척하며 무심하게) 그나저나 왜 캐 늦었냐?

최영미   (어이없다는 듯) 누가 길가에다 뭘 버렸는지, 지나다가
         바퀴가 터져 버렸어. (박순녀에게 의심의 눈초리를 하
         며) 혹시, 범인이 엄마 아녀??

박순녀   (고개를 들고 영미를 보더니 목소리를 높이며) 야가. 야
         가. 사람 잡네. 나는 태우면 태웠지. 그런 짓은 안혀

최영미   (입을 삐죽거리며) 태우는 사람이나 버리는 사람이나 다
         똑같아.

- 62 -

박순녀　(못들은 척 하며 다시 다정이를 보고 흐뭇하게 웃으며) 에
　　　　고, 이쁜 내 새끼, 할미랑 1주일동안 재미지게 놀자~~잉

　　　　다정이는 고개를 끄덕이며 활짝 웃는다.(박순녀의
　　　　시선에서 다정이만 C.U, F.O)
　　　　한가한 마을 풍경이나 꽃, 나무에 앉아 있는 새 등
　　　　(시간 경과)

　　　　4. EXT. 다리 건너 정자-낮(배우 : 박순녀, 최영
　　　　미, 다정,김아지,동네 부인 / 소품 : 건강검진 용지)
　　　　김아지와 동네 부인이 정자에 앉아 있다.
　　　　김아지가 거꾸로 든 건강검진 용지를 잠시 쳐다보다
　　　　가 동네 부인에게 내민다.

김아지　(동네 부인을 쳐다보며) 뭐라고 써 있어?

　　　　동네 부인, 김아지를 보고 미소를 지으며 용지를 건
　　　　네 받는다.(삽입 컷: 박순녀와 다정이가 바구니를
　　　　들고 길을 걷고 있다. 정자로 오는 중)

동네 부인   (용지를 김아지에게 건네며) 혈압이 조금 높은
              거 빼고는 (김아지를 바라보고 웃으며) 아주 건강하신데
              요!

김아지 (동네 부인을 바라보고 환하게 웃으며) 그려?

        이때 박순녀와 다정이가 삶은 감자가 담긴 바구니를 들
        고 정자로 가는 다리를 건너며

박순녀 (김아지를 향해 장난스럽게) 어이~~강아지~똥강아
        지~~ 뭣 허고 있어??

김아지 (박순녀를 향해 자랑스럽게) 어~ 시상에 내가 백살까지
        산다~~~

박순녀　(비웃으며) 똥강아지가 명도 기네~~ 감자나 먹어~~

김아지가 다가오는 다정이를 쳐다보고는 손을 흔들며
웃는다.
박순녀와 다정이, 김아지와 동네부인이 정자에 앉아
감자를 먹으며 이야기를 나눈다.
분수대의 물줄기가 시원하다.

5. EXT. 마을회관앞 분리수거함-낮(배우 : 김아지, 다정, 이
옥자 / 소품 : 유모차, 과자, 빈병, 플라스틱, 종이 등, 검은
봉지, 농사용 쓰레기, 이옥자 가방)

허리가 굽고 나이가 들어 제대로 걸을 수 없어 유모차를
끌고 나온 김아지.
유모차 위에 검은 봉지가 놓여 있다.
분리수거함 쪽으로 다가가 이리저리 살핀다.
분리수거함은 정리가 되어 있지 않고 병이며, 플라스틱,
종이 등이 뒤섞여 있는 상태.

김아지   (눈을 찡그리며) 당최.... 어디다가 뭘 넣으라는 거여....
          아이그 아이그 내 까막눈......

이때 다정이가 과자를 먹으며 지나가다 김아지를 발견
하고 인사한다.

다정이   (과자를 손에 들고 밝게 웃으며) 할머니, 안녕하세요~
          (마침 생각난 듯) 할머니, 근데 왜 우리 할머니가 할머니
          한테 강아지라고 해요?
김아지   (입을 앙다물며) 하여간 니네 할머니는 나 놀리는 게 취
          미지, 취미여.... (다정이를 보고 웃으며) 내 이름이 김아
          지여. 긍게, 니 할미가 나를 강아지라고 놀리지. 니가 가
          서 할미 좀 혼내주라.
다정이   (고개를 끄덕이다가 웃으며) 우리 할머니는 나한테도 강
          아지라고 하는데. 그럼 우리 둘 다 강아지네요~~

다정이의 말에 김아지도 같이 웃는다.

저만치서 농사용 쓰레기(예: 밭에서 쓰는 검은 비닐)를
힘에 겨운 듯 질질 끌고 오는 이옥자.

김아지가 이옥자를 발견하더니 자기가 가져온 검은 비
닐 봉투는 아무데나 던지고 서둘러

빈병이 놓여 있는 쪽으로 유모차를 끌고 간다.

김아지가 빈병을 유모차에 싣고 있다.

멀리서 이 모습을 보고 있던 이옥자가 가져온 비닐쓰레
기를 그 자리에 내 팽개치고 병이 있는 분리수거함쪽으
로 잽싸게 걸어온다.

이옥자도 자기가 가져온 가방에 김아지와 경쟁하며 빈
병을 넣는다.

이옥자 (못마땅한 듯) 흥!!!! 허라는 분리수거는 나 몰라라 하고
       돈 되는 병은 탐나는가 보네.

김아지 (분한 듯 씩씩대며) 뭐셔!!!! ◇◇댁은 잘이나 험서 그런
       소리 혀~~ (삿대질을 하며) 어지간히 혀!!! 부자로 살면
       서 그러면 못써!!!!

다정이는 두 사람이 싸우는 모습을 보고 고개를 갸웃거
린다.
다정이의 시선에서 빈병 C.U
(다정이가 생각하는 장면 삽입 : 박순녀가 마당 구석에
병을 모으는 모습 상기)

6. EXT. 박순녀의 텃밭-낮(배우 : 박순녀, 다정 / 소품 : 고
추 담는 용기나 봉지, 농약병)
고추밭에서 고추를 따는 박순녀와 다정이.
다정이는 박순녀를 도와 고추를 따다가 텃밭 모퉁이에
서 뭔가를 발견하고는 그곳으로 뛰어간다.
박순녀는 일에 열중하여 계속 고추만 따고 있다.
다정이는 손에 가득 병(농약병)을 들고 할머니한테 다가
온다.

다정이　（자랑스러운 듯, 큰소리로 박순녀를 부르며）할머니~~
　　　　할머니

박순녀　（고개를 들고 다정이를 보고는）왜~~우리 강아지~~더
　　　　운게 그만허고 들어가~

　　　　무심히 말하던 박순녀, 다정이 손에 든 농약병（C.U）을
　　　　발견하고 깜짝 놀라며 따던 고추를 내팽개치고 다정이
　　　　에게 달려온다.

박순녀　（놀라 허겁지겁하며）어메....어메.....다정아.....그 병 얼
　　　　른 땅에 내려 놔

7. EXT. 박순녀의 집 수돗가－낮(배우 : 박순녀, 다정 / 소품
: 비누)
박순녀가 서둘러 다정이 손을 씻기고 있다.

박순녀　（한숨을 몰아쉬며）우리 강아지, 클날 뻔 했네, 클날 뻔
　　　　했어.

다정이　（할머니를 바라보며）왜 큰일이나요?

박순녀　（다정이 손을 수건으로 정성스레 닦아주며）농약병인게
　　　　클나지. 뭐허러 그 병을 만져.

다정이 (시무룩하게 혼잣말로) 할머니 주려고 했는데~~ 할머니
     빈병 좋아하잖아.
박순녀 (잘 못들은 듯) 무슨 소리여?

다정이는 말을 하지 않고 삐진 듯 입을 내민다. F.O

8. EXT. 박순녀의 집 대문 앞 / 길가-낮(배우 : 다정)
고개를 숙이고 못마땅한 표정으로 대문을 나서는 다정
이. 맥이 빠진 모습으로 터덜터덜 거리며 동네거리를 걷
는다. 마을 여기저기에 있는 쓰레기들을 본다.(논밭에
버려져 있는 농사용 쓰레기들, 농약병, 버려진 가전제품

들, 기타)

9. EXT. 마을회관앞 분리수거함-오후(배우 : 다정 / 소품 :
이옥자의 농사용 쓰레기, 김아지의 검은 봉지, 분리수거함
속 소품들)
분리수거함에 멈춰선 다정이.
이옥자가 버리고 간 농사용 검은 비닐과 김아지가 던져
놓은 검은 봉지 등이 어지럽게 널려 있는 분리수거함을
물끄러미 쳐다보고 있는 다정이. F.O

10. INT. 마을 도서관 안-오후 (배우 : 다정 / 아이들 소품
: 환경동화책)
힘없이 길을 걷던 다정이. 마을 도서관으로 들어가는 아
이를 발견한다. 도서관 유리문으로 안을 살피다가 도서
관으로 들어간다. 도서관 안으로 들어 온 다정이는 이리
저리 도서관 안을 보다가 책을 고르기 시작하고 바닥에
놓여 있는 책에 눈길이 멈춘다.
(쓰레기와 환경에 관한 책(예 : 한결이는 지구지킴이)
C.U)
책장을 넘기며 열심히 읽는 다정이의 모습이 진지하다.

11. INT. 마을 경노당-늦은 오후(배우 : 박순녀, 다정, 김아지, 이옥자, 최이장, 마을주민들 / 소품 : 인쇄물 10부)

반상회를 하기 위해 마을 주민들이 회관에 모여 있다. 인쇄물을 바라보며 서로 의견들을 주고받고 있는 모습. 마을 주민들 속에 김아지, 이옥자, 박순녀 무릎에 앉아 있는 다정이의 모습도 보인다.

최이장 에, 이제 논의할 사항은 다 끝났고. 마지막으로 당부 말씀 드릴게요. 지금 우리 마을이 쓰레기땜시 아주 골치가 아파요. 시방 통 협조가 안되고 있당께요.

박순녀 (마을사람들을 보고 허공에 삿대질을 하며) 아~~
다~~ 지금~ 자기네 쓰레기 알아서들 잘 치우고 있
는디 뭐가 문제라고 이 난리여. 여태 잘하고 살았고만.

김아지 (박순녀와 눈을 맞추며) 그러게 말여. 뭐땀시 쓰레기 분
리수거함을 만들어가꼬 사람을 귀찮게 허는지 모르겠
어.

최이장 (손을 절레 절레 흔들면서) 그렇게 생각허시면 안돼요.
우리가 버리는 쓰레기가 다 쓰레기가 아니고 자원으로
다시 재활용 될 수 있는 게 있어요. 그것을 분리해서 버
릴 것은 버리고 다시 쓸 것은 쓰자는 얘긴디. 조금씩만
신경 쓰면 누이 좋고 매부 좋고 나라에도 좋은 일이랑게
요.

김아지   (콧방귀를 뀌며) 흥. 나는 누이도 읎고, 매부도 읎응게,
        안혀도 되겠구만.

        김아지 말을 듣고 마을사람들이 웃는다.
        이장은 계속해서 설명을 하고 마을사람 몇 명은 고개를
        끄덕이고 박순녀와 김아지는 못마땅하다는 표정으로 앉
        아있고 다정이는 최이장의 말을 유심히 듣는다. F.O
        (음악 삽입)
        사람들이 마을회관에서 나오기 시작한다.
        서로 인사를 하며 헤어진다.

12. EXT. 예쁜 시골길-해질 무렵(배우 : 박순녀, 다정 / 아
이들 소품 : 환경동화책)
초록색 벼가 넘실거리고 물이 흐르는 도랑이 있는 시골
길(농로길)을 손을 잡고 걸으며 집으로 가고 있는 박순
녀와 다정이.

박순녀   (다정이를 내려다보며 다정하게) 다정아, 할미가 업어줄
        까?

박순녀는 다정이를 업고 논둑을 따라 걸어가고 있다.

다정이   (할머니 등에 얼굴을 대고 졸린 목소리로) 할머니, 지구
       가 아프대~

박순녀   지구가 누구여? 니 친구여?..... 아프면 약 먹어야지~

박순녀는 업은 다정이가 내려가지 않게 한번 추스르고
논길을 걸어간다.(LS)

다정이   (어이없다는 듯) 할머니 바보~~ 《목소리만 삽입》

13. EXT. 박순녀의 집 마루-한낮(배우 : 다정, 박순녀/소품 : 밥, 반찬, 상추, 고추, 삼겹살, 불판, 부르스터, 부탄가스통) 박순녀가 밥상 앞에서 부탄가스를 흔들어 대고 있다. 상에는 밥과 간소한 반찬, 상추와 고추, 삼겹살, 불판, 휴대용 가스렌지(부르스터)가 놓여 있다. 부르스터를 켜보지만 불이 들어오지 않는다.
몇 번 더 시도해보지만 되지 않자 부탄가스통을 옆에 있는 검은 쓰레기 비닐봉지에 아무렇게나 던져 넣고 부엌으로 가며 방을 향해 말한다.

박순녀   (다정한 목소리로) 다정아~ 밥 먹자~~

TV를 보다가 방에서 나오는 다정이 밥상을 보고

다정이   (신나는 목소리로) 우와~~ 삼겹살이다!!!

박순녀는 부엌에서 부탄가스를 들고 나온다.
자리에 앉아 부탄가스를 흔들어(C.U) 넣고 부르스터에 불을 당긴다.
불이 확 켜진다(C.U)
불판에는 삼겹살이 지글거리며 맛있게 구워지고(C.U)
박순녀는 삼겹살을 상추에 싸서 다정이 입속에 넣어주

고 다정이는 맛있게 먹는다.

서로 웃으면서 식사하는 모습(음악 삽입)

마당에 핀 꽃이 둘의 모습을 흐뭇하게 지켜보듯 살랑 거리고 있다.(F.O)

14. EXT. 박순녀의 집 마당-오후(배우 : 박순녀, 다정, 김아지 / 소품 : 검은 봉지, 쓰레기, 부탄가스통, 유모차)

마당에서 다정이가 공놀이를 하며 놀고 있다.

박순녀는 s#11의 검은 비닐봉지와 다른 쓰레기들을 모아서 마당으로 나와 태울 준비를 하고 있다.

자리를 잡고 앉아 쓰레기에 불을 붙이는 박순녀.

이 모습을 지켜보던 다정이가 공을 들고 박순녀에게 뛰어간다.

다정이   (멀리서 불을 보고는 신나게 뛰어 오며) 와~~ 모닥불이다~~

박순녀   (손을 들어 쫓는 시늉을 하며) 아가. 옷에서 냄새 낭게 저리 가서 놀구 있어~~잉

이때 마루에 놓여 있던 휴대폰이 울리고 박순녀는 마루로 가서 폰을 들고 통화를 한다.

다정이가 손에 들고 있던 공을 놓치자 공이 데구르 구르
며 쓰레기불쪽으로 떨어진다.
이때 검은 봉지가 불에 타면서 봉지 안에 있던 부탄가스
통이 보인다.(C.U)
다정이는 공을 주우러 공쪽으로 손을 뻗으며 엉거주춤
하게 무릎을 구부린다.
순간 번쩍하더니 부탄가스 터지는 요란한 소리와 함께
다정이가 뒤로 넘어지며 비명을 지른다.
마루에서 통화를 하던 박순녀, 폰을 내던지고 다정이에
게 달려간다.

박순녀   (깜짝 놀라며) 다정아!! 다정아!!! 아이고~~ 아이고~~

우는 다정이를 일으켜 세우는데 창고에 불이 옮겨 붙는다.(슬로우화면. 무음악)

박순녀는 넋이 나간 표정으로 털썩 주저않는다.(슬로우 화면. 무음악)

이때 유모차를 끌며 길을 지나가던 김아지가 박순녀와 다정이의 비명소리를 달려온다.

창고에 불이 붙은 광경을 본 김아지

김아지 (깜짝 놀라며) 워메!! 워메!! 이게 뭔일이댜!!! 불이야~~~ 불이야~~~ 아이고 불이야 불이야~~ (119사이렌 소리)

15. INT. 병원 복도-낮(배우 : 박순녀 / 분장 : 숯검댕이)

얼굴에 숯검댕이 묻은 박순녀(숯검댕이에 눈물자국 2줄)가 머리는 헝클어진 채 맨발로 병원 복도에 놓인 의자에 넋이 나간 모습으로 앉아 있다. 서서히 F.O

시간경과 화면 삽입

16. EXT. 박순녀의 집 문앞-오후(배우: 박순녀, 다정, 최영

미 소품: 다정이짐가방, 책가방, 붕대)
손에 붕대를 감은 다정이, 최영미는 박순녀와 헤어짐의
인사를 나누고 있다.

최영미 (박순녀의 손을 잡고 위로하며) 엄마, 다정이는 너무 걱
        정 말아요.

박순녀 고개숙이며 손으로 눈가를 훔친다.

박순녀 (모기만한 목소리로) 에고, 내 강아지를...(말끝을 흐린
        다)
다정이 (밝게 웃으며) 괜찮아. 할머니... 그리고 (새끼손가락을
        내밀며) 이제부터 잘한다고 약속해.

박순녀 희미하게 웃으며 쑥스러운 듯 새끼손가락을
내민다.
박순녀와 다정이는 손가락 약속을 하며 서로 보고 웃는
다. (손가락 약속 C.U)

17. INT. 박순녀의 집-낮(배우 : 박순녀 / 소품 : 분리수거
요령이 적혀 있는 용지 3장, 냉장고용 자석)
카메라가 박순녀 집을 이리 저리 훑는다. 냉장고 문에
분리수거 요령이 적혀 있는 A4 용지가 붙어 있다. 안방
경대 위에도 붙어 있다. 거실에도.

18. EXT. 마을 전경과 마을회관 앞 분리수거함-낮

(배우 : 박순녀 / 소품 : 분리수거 푯말, 그림)

맑은 하늘과 깨끗하게 정리되어 있는(s#6 화면의 마을 풍경과 비교되게 쓰레기가 없는) 마을 전경을 카메라가 훑고 지나간다.(F.O)

분리수거함이 깨끗하게 정돈되어 있고 분리수거 푯말의 글자 옆에 그림이 함께 그려져 있다.(병모양, 플라스틱 모양 등)

박순녀가 분리수거함을 치우는 모습이 화면에 연결되어 보인다.(시간의 흐름을 표시) F.O

19. (에필로그)INT. 박순녀의 집 마루/방안-낮(배우 : 박순녀 / 소품 : 콩, 콩 담을 용기, 환경지킴이상장, 냉장고용 자석)

집 마루에 앉아 콧노래를 흥얼거리며(예 : 내 나이가

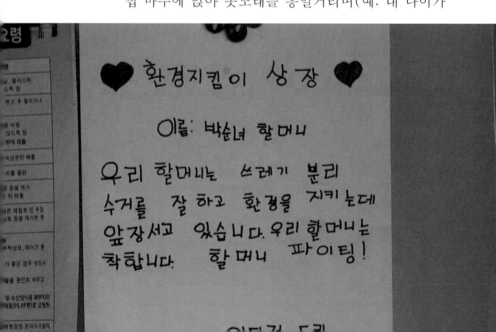

어때서) 콩을 까고 있는 박순녀.

카메라가 정갈하게 정리된 박순녀의 집안을 이곳저곳 훑는다. 냉장고 문에 붙어 있는 분리수거 설명용지 옆에 다정이가 만든 환경지킴이 상장이 붙어 있다.(C.U)

《다정이의 목소리만 삽입》

상장에 적힌 내용을 다정이가 읽는다.

(환경지킴이 상장. 이름 박순녀 할머니. 할머니는 쓰레기 분리수거를 잘하고 환경을 지키는데 앞장서고 있습니다. 우리 할머니는 착합니다. 할머니 파이팅. 이다정 드림)

상장과 콩을 까고 있는 박순녀의 뒷모습 투 샷.

서서히 fade-out

20. 엔딩 크레딧 (배우 : 박순녀, 김아지, 다정, 스태프들 / 소품 : 책, 돋보기)

화면 가득 동화책(다정이가 읽던 환경에 관한 책) 겉표지가 C.U. 이어 화면이 조금 위쪽으로 이동하고 돋보기를 쓴 박순녀가 책을 읽고 있다. (C.U)

박순녀 (돋보기를 눈 밑으로 조금 내리고 카메라를 향해 씩 웃

으며) 나~ 배우는 여자여.(C.U)

이때 박순녀 뒤에 있던 김아지가 책을 더듬 더듬 거리며
읽는다.
김아지가 박순녀 뒤에서 고개를 내밀더니 카메라를 향
해

김아지   (자랑스러운 듯 웃으며) 나~~ 글께나 읽는 여자여.(박순
녀, 김아지 투 샷)

감독   컷. O.K. 수고하셨습니다.

화면이 롱 샷으로 바뀌면서 카메라 감독들은 카메라 장
비 챙기고 스태프들 서로 수고했다고 인사하며 박수치
는 모습.
화면가득 슬레이트 C.U (슬레이트에는 「할머니의 상장
끝」 이라고 쓰여 있다)
슬레이트 사이로 다정이 얼굴이 보이고 슬레이트를 치
는 다정이 C.U
(뒤배경에는 영화에 참여한 사람들이 사진을 찍기 위해
모여 있다)
다정이를 부르는 소리에 슬레이트를 치고 달려가는 다정이.

사진을 찍고, 찍힌 사진이 화면 가득 C.U

<할머니의 상장> STAFF
프로듀서 이차섭, 연출 한미연, 조감독 박미숙, 각본 한미연,
촬영1 권영대, 촬영2 김연수, 메이킹 촬영 이주해, 사운드
이차섭, 붐오퍼 이종열·강채원, 편집 박미숙·김연수, 소품
정도영·김미선·안종범·김선덕, 스크립터 김미선·김보연,
캘리그라피 정서정, 지도강사 이은상·김이삭

<할머니의 상장> CAST
박순녀(이순자), 이다정(김태현), 김아지(최영옥), 박순
녀 딸(최영미)(이주해), 최이장(김정흠), 동네부인(김미선),
이옥자(최육순), 마을사람들(정도영·김보연)

영화4 - 짝퉁시인

insert

임실시장 골목 L.S

임실시장 골목 안에 들어서는 용탁의 뒷모습 L.S

1. (프롤로그)EXT. 임실시장/ 도봉집-낮

용탁이 도봉집 문을 열고 들어선다.(문을 여는 용탁의
손 CU, 들어서는 용탁의 발 CU)

식당에 들어선 김용탁이 빈 테이블의 의자에 앉으려는
데 옆 의자에 두툼한 스프링노트와 시집이 놓여 있

어 뭔가 싶어 주워 든다.

최숙자 (주문을 받으러 온 최숙자가 물컵을 내려놓으며 용탁의
얼굴과 손에 든 시집을 번갈아 보며 호들갑을 떨며) 뭔
책이래요? 아이고 시인이신가 보네?

최숙자의 호들갑이 싫지만은 않은 용탁은 뭔가 싶어 주
워들었던 노트와 시집을 제 것인 양 아예 테이블 위로
올려놓고는 애매모호한 웃음만 흘리면서 긍정도 부정도
하지 않는다.

최숙자 (반찬을 쟁반에 담아가지고 내려놓으며 호기심어린 눈
빛으로 용탁을 훑어보며) 근데 시인이 이런 촌구석엔 뭔
일이래요?
김용탁 (최숙자의 아부에 한껏 고조된 용탁은 피식 웃으며 말한
다.) 아! 얼마 전에 귀농했습니다.

한껏 상기된 용탁의 웃는 얼굴(CU).
제 것인 양 만지작거리는 시집과 노트, 손 (CU)

노트와 시집 영상 위로

타이틀 : 짝퉁 시인

2. INT. 허름한 술집(깡통삼겹살)-밤
살짝 지적 허영심이 있어 보이는 여자들(최숙자, 류명인)과 박성기가 모여 앉아 술을 마시면서 이야기를 나누고 있다.
무척 친밀해 보이는 세 사람 F.S

류명인(나레이션) 내가 그를 처음 만난 것은 2017년 가을 읍내의 허름한 술집에서였다. 그날 술에 취한 그가 읊었던 시구절처럼 그는 찬란한 끝장을 보고 싶었던 것일까?

술집 문을 밀고 들어서는 발(C.U)

김용탁, 술집 문을 열고 들어서며 누구를 찾는 듯이 두리번거린다.(L.S)

최숙자 (문 앞에서 두리번거리는 용탁을 가리키며 박성기, 류명인에게 속삭이듯) 얼마 전에 귀농하신 분인데 시인이래 (B.S)

박성기, 류명인 　(용탁을 바라보며 동시에) 그래요?(2S)

용탁, 마침 최숙자 일행이 있는 테이블 옆을 지나가다
최숙자와 눈이 마주친다.

최숙자 　(용탁과 눈이 마주치니 일어나 반갑게 팔을 잡으며) 아
유 선생님 안녕하세요? 독서모임 회원들인데 잠깐
앉으세요!(하면서 용탁의 팔을 잡아끈다.)(용탁의
팔을 잡아끄는 숙자의 손 C.U)

용탁, 최숙자와 인사하며 옆에 있던 사람들과 어색하게
인사를 하는데 자신을 뚫어져라 바라보던 류명인과 눈

이 마주친다.(용탁을 뚫어져라 바라보는 류명인 얼굴 C.U)

김용탁　(어색하게 인사하며) 김용탁입니다.
최숙자　(약간 푼수끼 어린 말투로) 어머 선생님~ 어쩜 이름도
　　　　김용택 시인이랑 비슷하시네!

Insert cut
소주병이 늘어난 테이블과 소주잔, 안주 등

술자리가 어느 정도 진행되고... 제법 취기가 오른 듯한
네 사람(F.S)

최숙자가 용탁을 선생님이라며 존대하며 용탁의 말 한
마디 한마디에 열성적으로 대해주는 세 사람의 반응에
한껏 고조된 용탁이 시를 읊기 시작한다.(시를 읊는 내
내 용탁을 감탄하며 바라보는 세 사람 각각의 B.S 패닝
또는 교차 디졸브)

김용탁　너에게 묻는다. 안 도 현
　　　　연탄재 함부로 발로 차지 마라
　　　　너는 누구에게 한번이라도 뜨거운 사람이었느냐

박성기 (거들먹거리며) 캬~ 참 통쾌한 시죠!

김용탁 (더욱 잘난 체를 하며) 사람들은 여기까지 밖에 잘 모르죠. 하지만 원래는 이 시의 뒷부분이 있었습니다. 저는 오히려 이 부분을 좋아합니다.

다시 시를 읊기 시작하는 용탁, 시를 읊는 내내 존경어린 눈빛으로 용탁을 바라보며 빠져드는 명인의 얼굴 (Zoom-in)

김용탁 타고 왔던 트럭에 실려 다시 가면
      연탄, 처음으로 붙여진 나의 이름도
      으깨어져 나의 존재도 까맣게 뭉개질 터이니
      죽어도 여기서 찬란한 끝장을 한번 보고 싶은 것이다.

류명인 (놀라 당황하며) 어머? 그 시의 뒷부분에 그런 내용이 있었나요?

최숙자 역시 시인은 우리랑 뭐가 달라도 다르다니까~ (왁자지껄한 웃음소리와 함께 Fade-out)

3. EXT. 용탁의 집 앞 골목 / 마당-아침
insert
은행잎이 쌓인 골목길을 걸어가는 숙자와 명인의 발.

명인을 이끌고 앞장서는 숙자와 끌려가듯 따라가는 명인의
뒷모습.
향교 담장, 은행나무, 가을 하늘

(명인을 이끌고 앞장서는 숙자와 끌려가듯 따라가는 명
인의 뒷모습 잡다가 하늘로 Tilt-up
하늘에서 용탁의 집 뒤의 대숲과 지붕, 용탁의 집으로
Tilt-down) 최숙자가 쭈뼛거리는 유명인을 잡아끌며
마당으로 들어서며 용탁을 부른다.(최숙자, 류명인
Frame-in)

최숙자 (주변을 살펴보며) 선생님~! (아무 대답이 없자 조금 더
목소리를 높여 부르며) 선생니임!

용탁, 자다 깬 듯 부스스한 머리와 옷차림으로 무심히
문을 열고 내다본다. 얼핏 문틈으로 널부러져 있는 빈
술병(소주병, 새우깡봉지 등)들이 보인다.

최숙자 선생님 안녕하세요!
김용탁 (마당에 서있는 최숙자와 류명인을 보고 깜짝 놀라며)
아! 예~! 근데, 웬일로?

Insert cut

쟁반에 놓여진 커피잔 3잔(용탁과 명인은 블랙커피가 든 똑같은 머그잔, 최숙자는 밀크커피가 든 찻잔) C.U

용탁의 집 마루에 아까보다는 조금 말쑥해진 용탁이 최숙자, 류명인과 함께 앉아 있다.

최숙자 (A4 용지에 삐뚤 빼뚤 써 놓은 동시를 용탁에게 건네며) 학교에서 동시 숙제를 냈나본데 애가 글쎄 이걸 동시라고 써 놓고 앉아 있더라고요. 내참 기가 막혀서.

류명인 (다소곳이 앉아서 슬며시 미소를 지으며 혼잣말로) 내가 보기엔 괜찮은데~

용탁, 명인을 의식하며 심각하게 승태의 시를 읽어 내려
가다 슬며시 미소 짓는다.(용탁의 손에 들린 승태의 시
C.U, A4용지 너머로 보이는 명인의 얼굴 POV)

용탁이 시를 읽는 동안 짓꾼은 초등남학생의 목소리로
시 삽입

시똥 - 조승태 -

밥을 먹으면 똥이 나오는 것처럼
책을 읽으면 시똥이 나오면 좋겠다.
시 쓰기 숙제를 냈는데
시를 쓰기 싫을 때.
책을 읽고 싼 시똥을 선생님께 드릴까?
선생님은 내 시똥을 보고 뭐라고 하실까?
향기가 좋다고 하실까?

김용탁 (터지려는 웃음을 참으며) 하~! 고놈~ 참! 책을 읽으면
　　　　시똥이 나온다고? 하하하 정말 기발하네~!
류명인 (그런 용탁을 보고 명인도 미소를 지으며) 그죠?

최숙자 　(믿을 수 없다는 말투로) 그럼 잘... 쓴... 건가요?

김용탁 　(감탄하는 듯한 말투로) 아! 예~! 이 녀석 보통 놈이 아
　　　　닌데요?(하면서 승태의 시를 최숙자에게 건네준다)

류명인 　(용탁을 존경어린 눈빛으로 바라보며 고개를 끄덕인다)
　　　　역시~^ ^

최숙자 　(승태의 시를 보물단지인 양 품에 안으며) 명인아! 우리
　　　　승태가 정말 천잰가봐~!

류명인 　(웃음 띤 얼굴로 최숙자를 보며) 거봐~ 내가 뭐랬어!

김용탁 　(명인에게 잘 보이려는 듯 의식하며) 승태는 시인으로
　　　　키워도 되겠는데요!

4. INT. 무지개빛 작은 도서관—낮

테이블에 놓인 책(철학하라)(C.U)

둥글게 앉은 독서모임 회원 6~7명이 테이블에 똑 같은 책(철학하라)을 한권씩 놓고 둥글게 앉아 이야기를 나누고 있다.

독서모임 대표   (회원들을 둘러보며 난처한 목소리로) 다독다
          독 가을이야기 행사에 강사를 초청해서 진행하려고 했
          는데요. 소설가나 시인을 알아봤지만 섭외가 잘 안되네
          요.

독서모임 회원1   (체념하는 듯 가벼운 한숨을 쉬며) 허긴 강의료
          도 몇 푼 안되는데 누가 오겠어요?

독서모임 회원2   (안타까워하는 목소리로) 가까운 데에 할 만한
          사람 없나?

최숙자　(혼잣말로) 가까운 데면... (하며 동의를 구하듯 박성기
　　　와 류명인을 번갈아 바라보며) 아, 왜 그때 만났던, 그
　　　시인이라는 사람 말이야~.

류명인　(미소를 지으며) 아~^^

박성기　(그제서야 생각났다는 듯) 김용탁 선생님~!

독서회원1, 2　(동시에) 김용택 선생님?!

　　　박성기의 김용탁 선생님 소리에 독서모임 회원 1,2는 김
　　　용택 선생님으로 알아듣고 끄덕거린다.

　　　5. EXT. 김용탁의 집 앞 골목(성가리 벽화마을)-낮
　　　Insert cut 벽화마을 벽화나 소나무와 백로 등

　　　길을 걸으며 이야기하는 용탁과 박성기의 발(C.U), 뒷모
　　　습(2S)

김용탁　(당황하며) 아휴 아닙니다. 제가 어떻게 강의를 해요?

박성기　강의가 아니라 독서모임 회원들이랑 차 한 잔 한다고 생
　　　각하시고 부담 없이 오시면 됩니다.

　　　용탁, 생각에 잠긴 채 박성기의 말을 가만히 듣고 있다.

박성기 (이때다 싶어서) 그냥 지난번처럼 시에 관한 애기도 들
려주시고 시를 어떻게 쓰는지도 알려주시고 하면 됩니
다.

김용탁 (난처하다는 듯 손사례를 치며) 아무래도 저는 안되겠어
요. 못하니까 그런 줄 아세요!(하며 줄행랑을 치듯 골목
으로 사라진다)

사라지는 용탁의 뒷모습 박성기의 어깨 위로 Fade-out

6. INT. 치즈판매장-낮

판매장 문을 미는 용탁의 손(C.U)

판매장 카운터에 있던 명인이 문 열리는 소리에 돌아보니 용탁이 책 몇 권을 손에 들고 들어온다.

류명인   (용탁을 보고 반가워하며) 어머! 안녕하세요?

김용탁   (명인을 보고 눈을 빛내며 인사한다) 여기서 일하세요?

류명인   네! (용탁을 보고 애교 있는 말투로) 근데요~ 우리 모임에서 선생님 초대한다고 해서 기대하고 있었는데 거절하셨다면서요?

김용탁   (부끄러운 듯 어색해하며) 아휴~ 제가 어떻게 강의를 해요? (하면서 자리를 피하려는 듯 여기저기 둘러보며 이동하면서 혼잣말로) 강의는 무슨?(카메라 따라가면서 진열장 여기저기를 비춘다.(치즈, 치즈선물세트 등)

류명인, 카운터 뒤에서 나와 냉장고에서 바나나우유 하나를 꺼내온다.

김용탁   (치즈코너에서 슬라이스 치즈를 한 상자 들고 명인이 있는 카운터로 와서 계산대에 올려놓으며) 라면 끓여서 치즈 한 장 올려 먹으면 엄청 맛있거든요.

류명인, 치즈를 계산한 후 미소 지으며 용탁에게 바나나우유를 내민다.(바나나 우유를 내미는 명인의 손 C.U)

류명인　치즈라면 드시고 후식으로 드세요^^

김용탁　(명인이 내민 바나나 우유를 받아들고 활짝 웃으며) 바
　　　　나나 우유 먹으면 반하나?(바나나 우유를 들고 활짝 웃
　　　　으며 말하는 용탁의 얼굴과 바나나우유 C.U)

류명인　(밝게 웃으며) 하하하, 아재개그도 할 줄 아셔요? (애교
　　　　가 뚝뚝 떨어지는 말투로) 그거 뇌물이에요~

김용탁　(바나나우유를 손에 든 채로 뭔 말인가 싶어 의아해 하
　　　　면서) 뇌물? 뇌에 좋은 물?

류명인, 김용탁　(용탁의 뇌에 좋은 물? 소리에 함께 웃는다) 하
　　　　하하

이 때 판매장 문이 열리는 소리에 두 사람 돌아보니(2S)
구기자가 들어온다.(두 사람의 사이로 들어오며 두 사람
의 화기애애한 분위기에 못마땅해 하는 구기자 F.S)

류명인　(구기자를 흘낏 보며 반갑지 않은 말투로) 안녕하세요?
　　　　구기자님!

구기자, 명인을 반색하며 손을 들어 친한 척 인사를
하려는데 명인의 눈은 용탁을 향해 있다.(구기자 얼
굴과 손 C.U, 구기자의 어깨 너머로 용탁과 명인 2S)

류명인　（부탁하는 어조로） 강사 말이에요. 다음 준데 이제 와서
　　　　　다른 분 섭외할 수도 없잖아요. 부담 갖지 말고 오셔서
　　　　　시 얘기나 좀 들려 주세요~

　　　　　구기자, 명인의 말을 듣고 뭔 말인가 싶어 용탁을 째려
　　　　　본다.(구기자 얼굴 CU)
　　　　　용탁, 구기자의 등장에 당황한 듯 명인에게 대충 인사를
　　　　　하고 황급히 치즈 봉지와 바나나 우유를 손에 들고 나가
　　　　　는데...

류명인　（용탁의 뒷꼭지에 꼭 와줘야 한다는 듯 다짐하는 말투
　　　　　로） 다음 주 토요일에 꼭 보게요~!

용탁, 뒤도 돌아보지 않고 바나나 우유를 든 손을 흔들며 나간다.

구기자   (류명인에게 다가가 용탁이 나간 문 쪽을 턱으로 가리키며) 누구예요?
류명인   (살짝 짜증스러운 말투로) 누군 누구예요? 손님이지.
구기자   (온장고 안의 캔커피를 손으로 가리키며 기자 특유의 캐는 듯한 말투로) 근데 시는 뭐고 토요일은 또 뭐예요~?
류명인   (온장고 안의 캔커피를 꺼내 계산대에 놓으면서 정색을 하며) 우리 독서모임 얘기니까 구기자님은 신경 끄세요!
구기자   (거슬린다는 듯 찡그리며) 독서모임 강사?

류명인, 구기자가 보기 싫다는 듯 용탁이 나간 문 쪽을 바라본다.

7. INT. 김용탁의 집(방안)-밤
바나나 우유를 들고 빨대를 꽂는 손 C.U,
빨대 꽂힌 바나나 우유를 따라 이동하면 빨대를 빨며 미소 짓는 용탁의 얼굴 C.U

Flash back(빠른 속도로 rewind 하듯이) : 다음 주 토요일에 뵙겠습니다. 부담 갖지 말고 오셔서 시 얘기나 좀 들려주세요. 그거 뇌물이에요. 하하하, 아재개그도 할 줄 아세요? 바나나 우유 먹으면 반하나? 바나나 우유를 내미는 명인의 손 천천히 C.U

미소 띤 얼굴로 바나나우유를 먹으며 회상하던 용탁이 바나나 우유를 내려놓고 노트북에 양손을 올려 "시인들이 생각하는 시란?" 하고 검색한다.

바나나 우유를 먹으며 미소 띤 용탁의 얼굴 C.U=> 손에 든 바나나 우유 C.U 내려놓을 때 카메라 바나나 우유를 따라서 이동 => 책상 위에 놓인 바나나 우유부터 검색하는 용탁의 손과 노트북 모니터, 책상 위에 놓은 노트와 시에 관련된 여러 가지 책들을 훑고 지나가다가 책상 위에 놓인 탁상용 달력에 멈추면 달력의 11월 11일 토요일에 붉은색으로 동그라미가 쳐져 있고 2시 도서관이라고 쓰여 있다.

8. INT. 무지개빛 작은도서관-낮
Insert cut

무지개빛 작은 도서관 간판, 두시를 가리키는 시계

다독다독 가을이야기 행사에서 둥글게 앉은 10여명의 독서회원들 앞에서 "시(詩), 나도 쓸 수 있다!"를 주제로 용탁이 강연을 하고 있다.
한쪽에는 구기자가 한 손에는 수첩을 들고 못마땅한 듯 앉아서 용탁을 노려보고 있다.
불안한 듯 구기자를 바라보는 용탁(구기자 POV), 용탁을 노려보는 구기자(용탁 POV)

김용탁   (손에 강의 자료를 꼭 쥐고(손 C.U) 긴장해서 당황한 기색이 역력하여 버벅거리며) 저는 오늘 여러분과 시에 대해서 얘기를 나눠보려고 합니다.(하며 회원들 중 명인을 찾아 훑다가 명인을 지나쳤다 다시 돌아가 명인에게 멈추는 용탁의 시선 POV) 여러분은 시를 뭐라고 생각하세요?

김용탁   (용탁은 독서회원 1을 가리키며) 선생님은 시를 뭐라고 생각하세요?

독서회원 1   (당황한 듯 웃으며 말을 못한다) .....

김용탁   갑자기 시꺼먼 놈이 와서 시를 뭐라고 생각하냐고 막 질문을 하니까 (개콘 조선족 보이스피싱 말투로) 많~이 당황하셨죠?

독서회원들　　　(많~이 당황하셨죠? 소리에 이젠 질문을 안하
　　　　　　려나 보다 라는 안도와 함께 웃는다) 하하하
김용탁　(자신감을 찾은 듯 웃으며) 제가 오늘 이 자리에 오기 전
　　　　에 유명한 시인들은 시를 뭐라고 정의했나 한번 찾아봤
　　　　습니다. 시란 최고의 연가다. 시란 즐거움의 체험이다.
　　　　심지어 '시는 똥이다'라고 한 시인도 있습니다.

　　　　독서회원들 '시는 똥이다'라는 말에 웃는다.(웃는 독서
　　　　회원들 천천히 panning)

김용탁　(자신도 모르게 몰입하며 자신 있는 말투로) 저는 심플
　　　　하게 시란? 시다! 라고 말하고 싶습니다. 여러분, 시를
　　　　너무 어렵게 생각하지 마세요! 그냥 마음속에 떠오르는
　　　　말들을 글로 옮겨 보는 것 그것이 단 한 줄일지라도 그
　　　　것은 충분히 시입니다.(용탁의 목소리 점점 작아지면서
　　　　카메라 용탁의 얼굴로 Zoom-in)

　　　　(음소거 상태에서 용탁의 말에 빠져들 듯 몰입하는 독서
　　　　회원들 얼굴 하나하나 잡아가며 카메라 Panning 하다
　　　　가 집중하며 눈을 반짝이며 듣고 있는 명인의 얼굴에서
　　　　뭔가를 받아 적고 있는 노트로 카메라 Tilt-down)

(뒤에서 못마땅한 듯 용탁과 명인을 번갈아 노려보
고 있는 구기자(W.S)의 손에 들린 수첩에 적힌 이름
김용탁(C.U))

9. INT. 도서관 안 남자화장실−오후
용탁, 휴~ 심호흡을 하며 가슴을 쓸어내리는 용탁의 손
C.U) (지친 듯한 용탁이 남자화장실 안에 앉아 있다. BS)
변기 칸 너머로 남자화장실 소변기에서 소변을 보며 애
기하는 독서회원 1,2의 말이 들려온다.

독서회원 1   김용택 선생님인줄 알았는데 김용탁이었어 독서회원 2   나둔데...

용탁, 흠칫 놀란다.

독서회원 1   그래도 강의는 잘 하던데?

독서회원 2   맞어! 오늘 강의는 정말 좋았어!(하며 손을 씻고 나간다)

용탁, 독서회원1,2의 말에 뿌듯한 듯 빙그레 미소 지으며 손을 주머니 쪽으로 가져가는 데 뭔가 불룩하게 만져져 꺼낸다.

주머니에서 봉투를 꺼낸 용탁은 봉투를 입으로 훅 불어 돈을 꺼내 펼쳐보니 5만원이 들어있다.

실망한 듯 "에이!" 하고 돈을 다시 봉투 안에 우겨 넣고 주머니에 쑤셔 넣고 나간다.

용탁이 화장실을 나서는데 로비에 있는 소파에 명인이 앉아있다.(명인 F.S 옆에 놓여있는 에코백 C.U)

류명인   (화장실에서 나오는 용탁을 보고 에코백을 들고 일어서서 미소 지으며) 강의 정말 좋았어요. 오늘 와주셔서 감사해요!

김용탁   (명인의 칭찬에 한껏 고조된 용탁이 창밖을 바라보며)

우리 가을 속으로 좀 걸을까요?(창밖으로 보이는 가을풍
경 L.S)

류명인, 수줍게 웃으며 용탁을 따라 나선다.
Frame-out

insert
도서관 앞 낙엽이 쌓인 길을 걷는 두 사람 F.S=> L.S
(걸으면서 무거워 보이는 명인의 에코백을 용탁이 들어준다)
낙엽이나 가을 나무, 하늘 등

10. EXT. 치즈테마파크 야외공연장 돔형 입구/카페(청춘예
찬)-오후
돔형의 입구에서 명인의 에코백을 들고 길을 올라오는
용탁과 명인 L.S=>F.S(머리부터 점점 나타나는 모습)
카페 청춘예찬으로 들어가는 두 사람의 뒷모습
탁자 위에 놓인 아메리카노 두 잔(C.U),
용탁과 명인이 까페에 앉아 있다.
무척 다정해 보이는 두 사람 L.S

류명인 　(부끄러운 듯 망설이다가 에코백(C.U) 안에서 스프링 노
　　　　트를 한 권 꺼내서 용탁에게 내밀면서, 노트 (C.U)) 제가
　　　　써오던 건데요. 선생님께서 한번 봐주세요.
김용탁 　이걸 다 명인님이 쓰셨다고요?

　　　　용탁, 명인이 내미는 노트에 당황하다가 한 장 한 장 진
　　　　지하게 읽어 나가면서 미소를 지었다 감동한 듯 심
　　　　각했다가 표정이 변화한다.(용탁이 읽고 있는 노트
　　　　에 적힌 시 C.U하면 정우영 시인의 더운 밥이 쓰여
　　　　있다.)

　　　　더운 밥

　　　　그럴 수 없다는 걸 알면서도,
　　　　파편처럼 찢긴 목숨들 64미터를 튀어 올라
　　　　다시 제 자리에 머문다.
　　　　여전히 흔들리는 엉성한 받침대를 떠나
　　　　간들간들 허공 밟고 서 있다.
　　　　치뜬 눈 벌겋게 유리창 물들이면서 매달려 있다.
　　　　그들은 안다.
　　　　이렇게 가서는 안 되는 것이다.

식구들 어느 누구도 보낼 채비를 하지 못했다.

그들은 선뜻 물리 거스르고

시간 되물리면서 그 자리 굳세게 버틴다.

식구들 눈물콧물 쏟으며 현장으로 달려오는 순간,

못 이기는 척 떨어져 제 몸 속으로 들어 갈 것이다.

이런 게 밥이다.

밥은 이렇게 완성된다.

나와 너의 밥은 누군가의 목숨으로 따뜻하다.

김씨와 이씨와 정씨는

그렇게 절명하면서 더운 밥 나눠주고 갔다.

김용탁　(노트를 미처 덮지 못한 채 감동한 듯한 목소리로)
　　　　(카메라 노트에서 대사를 시작하는 용탁의 얼굴로
　　　　Tilt-up)와! 명인님 대단하네요! 정말 감동적인데
　　　　요!

류명인　(상기된 얼굴로 눈을 빛내며) 정말요?

김용탁　(열에 들뜬 목소리로) 명인님! 공모전에 한번 내보시는
　　　　게 어떨까요?

류명인　(부끄러운 듯) 아휴~ 제가 무슨 공모전에?

김용탁　(정색을 하며) 정말이에요! 당선 될 거 같은데요?
　　　　(웃으며 애교 섞인 말투로 정중하게) 암튼 제가 명
　　　　인님 1호 팬입니다!

까페 밖에서 창을 통해 명인과 용탁의 행복한 모습 LS.

까페 밖에서 까페 안의 명인과 용탁의 행복한 모습을 노려보던 구기자 침을 한번 퉤!! 뱉더니 담배를 피워 물고 카페 앞을 떠난다.(까페 안에서 창을 통해 촬영가능? 카페 안에서 창을 통해 노려보다 카페 앞을 떠나는 구기자 LS=>Frame-out)

11. EXT. 골목길(성가리 벽화마을 치즈공장 앞)-늦은 오후 공장 쪽 위에서 골목의 구기자 high angle로 E.L.S, 구기자 정면에서 F.S

구기자, 씩씩 거리며 길을 걷다가 분한 듯 피우던 담배를
아무렇게나 집어던지고 어딘가로 전화를 건다.

구기자   한국시인협회죠? 김용탁이라고 시인이라는데 언제 어떻
          게 등단을 했죠?
구기자   (짜증스러운 말투로) 김용택이 아니고 용탁이라고. 김!
          용! 탁!!

휴대폰을 귀에 대고 한참을 기다리는 구기자 F.S

구기자   하~!! 이 쥐새끼 같은 놈! 이 사기꾼 새끼. 내 그럴 줄 알
          았다니까(하며 말도 없이 전화기를 툭 끊고는 가래침을

캭~퉤!! 하고 뱉는다)

Fade-out

12. INT. 명인의 방-밤

책상 위에 소국이 꽂힌 바나나 우유병 C.U(바나나 우유
Focus-in) 뒤쪽에 명인이 책상에 앉아 시 노트를 바라
보며 뭔가를 생각하듯 앉아 있다.(명인에게 Focus-in)
책상 위에 놓인 명인의 시 노트 C.U.

Flash back : 공모전에 내보세요! 정말이에요! 당선될
거 같은데요. 제가 명인님 1호 팬입니다. 하며 웃는 용
탁의 얼굴

류명인, 결심한 듯 노트북을 열고 인터넷 창을 열어 시
공모전을 검색한다.
시부문 공모 신청서를 다운받아 작성하는 명인 얼굴
C.U(신청서 작성 화면 C.U)

13. INT. 까페(커피하우스 앤)-낮

최숙자가 박성기, 류명인과 함께 까페에 들어와 자리를

잡고 앉으며(세 사람 F.S)

최숙자　(호탕한 말투로) 먹고 싶은 거 다 시켜! 오늘은 내가 다
　　　　쏠테니까!

류명인　(박성기를 바라보고 웃으며) 오늘 승태가 교내 백일장에
　　　　서 상을 탔대요~ ^ ^

박성기　(금시초문이라는 듯한 말투로) 승태가 글을 그렇게 잘
　　　　써요?

류명인　(최숙자를 보고 웃으며) 시 부문 장원이라면서?

최숙자　(명인의 말에 뿌듯하게 미소 짓는다) 그럼~ 누구아들인데~?

박성기　(눈이 휘둥그래지며) 더군다나 시야?

류명인　(웃으며) 김용탁 선생님이 시인으로 키워도 되겠다더니
　　　　그 말이 맞나봐요^ ^

insert
테이블 위에 커피잔 3잔, 쿠키접시 등

이 때 까페에 들어선 구기자 세 사람을 보고 다가오
며 눈인사를 한다. L.S
달가워하지 않는 눈빛을 교환하는 세 사람(세 사람
각자 얼굴 C.U)

구기자   (눈치 없이 의자를 끌어다 앉으며) 오늘 뭔 날입니까? 다
       들 기분이 좋아 보이네?

       이때 류명인의 휴대폰 진동이 울린다.(휴대폰 C.U)

류명인   여보세요? (잘 안들리는지) 여보세요?(를 다시 하면서
       휴대폰을 들고 밖으로 나간다. Frame-out)

박성기   숙자누님 아들이 학교 백일장에서 장원을 해서 누님이
       한턱 쏘는 겁니다. 김용탁 선생님이 승태는 시인으로 키
       워도 되겠다고 했다더니...

구기자   선생님? 그 사기꾼 놈이? 선생은 무슨 얼어죽을 선생?
       (명인이 멀어지자 점점 작아지는 소리)

14. EXT. 까페(커피하우스 앤) 밖-낮

까페의 창을 통해 보이는 전화를 받는 명인의 뒷모습 FS
명인의 귀에 바싹 붙인 휴대폰 C.U

담당자 안녕하세요. 한국문학 공모담당잔데요. 류명인씨 맞
       으시죠?

류명인 (바싹 긴장한 말투로) 네, 제가... 류명인 인데요...

담당자 축하드립니다! 이번에 공모전 시 부문에 응모하신
       작품이 당선되었습니다.

류명인 (놀라 믿을 수 없다는 말투로) 네? 정말요?

담당자 네! 다시 한 번 축하드리구요. 시상식 일정은 추후 연락
       드리겠습니다.(점점 작아진다)

류명인, 휴대폰을 끊고도 믿기지 않는 듯 가슴에 손을
었더니 잠시 뒤 용탁에게 전화를 건다.(김용탁에게 전화
를 거는 명인의 휴대폰 C.U)
신호음만 계속 울리고 받지 않는다. 갸우뚱하던 명인은
상기된 얼굴로 까페 안으로 뛰듯이 들어간다)

15. INT. 까페(커피하우스 앤)-낮

구기자　(입에 거품을 물 지경으로) 암튼 김용탁인지 먼지 그 작자는 사기꾼이라니까~!

최숙자　어쩜 그렇게 감쪽같이 시인행세를 했대?

박성기　누님이 시인이라 길래 난 시인인줄 만 알았지(명인이 까페 안으로 들어옴과 함께 점점 커지는 세 사람의 말소리)

구기자　(잔뜩 인상 쓴 얼굴로 정색을 하며) 그 자식한테 당한 사람 없어요?

류명인, 상기된 얼굴로 까페 안으로 들어와 자리로 다가오면서 들려오는 세 사람의 대화에 믿을 수 없다는 듯 고개를 흔들며 걸어 들어와 앉는다.

최숙자　(상기된 명인의 얼굴을 보며 걱정스러운 말투로) 명인아! 무슨 일 있어?

류명인　(업되어 떨리는 목소리로) 언니, 나 공모전에 당선됐대!

최숙자　정말? 너 언제 냈는데? 잘됐네~!

박성기　축하해요! 명인씨!

류명인　김용탁 선생님께 내 시작 노트 보여드렸더니 당장 응모해 보라고해서...(자리에서 일어나 가방을 챙기며) 식구들한테도 알려야 하니까 나 먼저 가볼께요!(하는데...)

구기자   (이를 악물며) 으~~~ 또! 그놈의 김용탁!

류명인, 구기자 따위는 아랑곳하지 않는다는 듯이 최숙자와 박성기에게 인사를 하고 까페를 나가면서 휴대폰으로 김용탁에게 문자를 보낸다.
문자를 쓰고 전송을 누르는 휴대폰 액정 C.U(선생님 저 공모전에 당선됐어요. 선생님 덕분이예요^^ 감사합니다~♥)

16. EXT. 뒷골목-밤
술에 취한 구기자가 건물사이에서 노상방뇨를 하고 돌아서다가 누군가와 부딪칠 뻔 한다.

구기자   (흐리멍텅한 얼굴로) 뭐야? (하고 쳐다보니 용탁이 서있다) 아~~ 시인 선생!!
김용탁   (마지못해) 괜찮으세요?
구기자   안괜찮다 이 새까

용탁, 아무 말 안하고 비껴가려는데

구기자   (용탁의 앞을 막아서며) 어딜 가? 이 사기꾼 새끼! 짝퉁 시인 행세나 하는 사기꾼 주제에 감히 누굴 넘봐?

류명인, 길을 가다 구기자와 용탁의 실랑이 소리에 뭔가 싶어 쳐다보다 놀라 멈칫 선다.(멈칫 서는 명인의 발 C.U)

용탁, 구기자를 피해가려 고개를 들어 보는데 놀라 멈칫 서있는 명인의 모습을 보고 놀란다.(구기자 어깨 너머로 보이는 명인의 모습 F.S, 구기자의 어깨 너머로 명인을 보고 놀라는 용탁의 얼굴 C.U)

용탁, 짝퉁 시인소리를 들었을 명인을 보고 당황해 돌아서 피하려는데, 구기자가 돌아서는 용탁의 어깨를 잡아채서 턱을 향해 주먹을 날린다.(2S)

구기자에게 맞아 주저앉으면서도 용탁의 시선은 류명인을 향해 있다.(F.S)

류명인, 용탁이 맞자 흠칫 놀라며 가방을 떨어뜨리고 입을 막는다.(떨어진 가방 high angle)

류명인　어! (용탁의 시선으로 명인의 얼굴 C.U)

구기자,(주저앉은 용탁 high angle)주저앉은 용탁의 턱을 향해 니킥을 날리려는데...

류명인　(뛰어오면서 소리를 지르며) 선생님! (용탁의 시선으로 달려오는 명인 POV F.S)

구기자, 명인의 목소리에 뒤로 돌아 달려오는 명인을 가로 막는다.(떨어져있는 명인의 가방을 걸고 달려가는 명인의 뒷모습과 구기자 L.S(Low angle)

류명인　(가로막은 구기자의 가슴을 힘껏 밀쳐내며 2S) 지금 뭐하는 거예욧!

구기자　(한 발 뒤로 밀려나는 구기자의 발 C.U)(명인에게 밀려 한 발 뒤로 밀려나 씩씩거리며) 저 자식은 시인이 아니라 사기꾼이라고!

용탁, 명인과 구기자가 실랑이하는 사이 주저앉아 있
던 용탁이 일어나 도로를 건너 어두운 골목으로 숨
어 들어간다.
류명인, 용탁이 주저앉아 있던 곳을 보는데 용탁이
흔적도 없이 사라지고 없다.

류명인(나레이션) 그 후로 우린 그를 볼 수 없었고 그에 대해
들려오는 소식조차 없었다. 그가 떠난 후 사람들은
그를 사기꾼이라 욕했지만 돌이켜보면 그는 단 한
번도 자신을 시인이라 칭한 적이 없었다. 그 당시 우
리에게 가장 필요한 것을 주고 떠난 그는 내 마음속
에 여전히 스승으로 남아 있다.
(명인의 나레이션 동안 영상으로)

(등장인물들은 가만히 서 있고 주변 차량과 사람들
만 바쁘게 움직이면서 시간의 흐름을 보여주도록 촬
영)

도로 위를 지나가는 차들을 넘어 어둠 속에 숨어 명인을
바라보는 용탁 L.S
용탁이 숨어 있는 공중전화부스 창을 걸고 도로 위를 지
나가는 차들을 넘어 용탁에게 계속 전화를 걸고 있는 명
인과 그런 명인에게 씩씩거리며 용탁을 씹어대고 있는
구기자 L.S

용탁, 어둠속에 숨어서 명인을 바라보다 주머니 속에서
계속 울려대는 휴대폰(주머니 C.U)을 천천히 꺼내 바라
본다.(진동이 울려대는 휴대폰(C.U) 화면 위, 아래로 들
썩이는데 용탁의 가슴으로 카메라 Tilt-up 가슴이 들썩
거리고 얼굴로 카메라 Tilt-up)

김용탁   (속상하고 억울한 듯 볼멘 소리로 하소연하듯이) 나는
         한번도... 내가... 시인이란 말을 한 적이 없는데... 자기
         들이 괜히 나한테... 그래놓고 이제 와서 왜 나보고
         사기꾼이라거야~(계속 울려대는 휴대폰 진동소리가
         끝나고 지친 한숨을 쉬며 손에 들린 휴대폰을 바라보

면 휴대폰 액정 C.U(부재중 전화 5통 류명인))

Fade-out

1년 후

17. (에필로그)INT. 경상도의 한 식당(노을)-낮
베레모에 선글라스를 쓰고 물감이 여기 저기 묻은
옷(찢어진 청바지 같은 옷?)을 입은 용탁이 커다란
이젤가방을 들고 식당 문을 열고 들어서면 벽면 여
기저기에 그려진 그림과 낙서들을 H.H로 보여준다.

식당아줌마   (대구 말씨로) 어서 오이소~ (하면서 뒤돌아 보
            다가 용탁의 모습을 보고 위 아래로 훑어보며 시선으로
            따라간다)

            용탁, 식당아줌마의 시선을 의식하며 식당 안으로 들어
            와 이젤가방을 놓고 의자에 앉는다.

식당아줌마   와! 오빠야~ 니 예술하나?
김용탁   (깜짝 놀란 얼굴로) 네?
식당아줌마   (용탁이 앉은 테이블에 물컵을 내려놓고 손가
            락을 들어 네모프레임을 만들어 눈에 갖다 대고 용탁을
            위 아래로 훑어보며 웃으며) 행색을 보아~ 하니 딱 화가
            아이가?

            용탁, 애교 섞인 식당아줌마의 말에 긍정도 부정도 하지
            않고 기분 좋은 듯 웃는다.

식당아줌마   (애교 섞인 말투로 용탁을 보고 웃으며) 우리
            화가 오빠야는 뭐 주까~?
김용탁   (겸연쩍게 웃으며) 김치찌개 주세요!
식당아줌마   (시선은 용탁에게 꽂힌 채 반찬을 가져다 하나
            하나 내려놓으며) 오빠야 니 우리 집에 참말로 잘 왔다!

쪼맨~한 도화지에 깨작거리지 말고 (손으로 벽면에 너절한 그림들을 휘휘 내저으며) 내 이 벽 다 내주께! 니 마음대로 함 해 봐라!

김용탁   (선글라스를 코에 걸고 고개 돌려 카메라를 바라보며 살짝 즐기는 듯한 말투로) 아~! 놔~! 인제는 그림을 그려야 돼? (하며 웃는다)

카메라가 용탁이 내려놓은 이젤가방으로 이동하면 이젤가방에 꿈을 이뤄주는 아트디자인(친환경 도배·페인트 전문 시공) 스티커가 붙어 있다

<짝퉁시인> STAFF
프로듀서 이차섭, 연출 박미숙, 조감독 김보연, 각본 정도영,
각색 박미숙, 촬영1 이차섭, 촬영2 이주해, 메이킹 한미연,
사운드 강채원, 붐오퍼 이종열·권영대, 편집 박미숙, 소품
정도영·김미선, 스크립터 김보연·김연수·한미연, 지도
강사 이은상·강채원

<짝퉁시인> CAST
김용탁(정도영), 류명인(김미선), 최숙자(김보연), 박
성기(김연수), 구기자(권영대), 독서모임 대표(이종
열), 독서모임 회원1(이차섭), 독서모임 회원2(심경
석), 공모전 담당자(한미연), 손님(한미연), 회원들(조
아라·차지현·마승철), 식당아줌마(이주해), 시똥 낭
독 목소리(손남길)

영화5 - 으랏차차! 병만씨

1. (프롤로그)EXT. 뚝방길(꿈)/마을 정자-햇살이 부드러운 오전

상자를 들고 지혜를 초조하게 기다리는 병만.

멀리서 가벼운 발걸음과 화사한 얼굴로 다가오는 지혜.

병만이 마주선 지혜에게 상자를 수줍게 건넨다.(상자를 서로 쥐고 있는 손 C.U)

병만을 향해 지혜가 웃으며 천천히 다가온다.

두 눈을 살포시 감은 병만의 얼굴(C.U)

입술을 살짝 내밀고 있는 지혜의 얼굴이 화면을 점점 가득 채운다.(사운드-점점 커지는 병만의 심장소리)

지혜의 얼굴이 병만의 얼굴에 닿을 찰나 화면이 밝아지
며....

핸드폰 소리에 운전석의 병만이 잠이 덜깬 듯 전화를 받
는다.

(여자) 아저씨! 택배 왜 안와욧? 아저씨 때문에 늦었잖아욧.
       (잦아드는 소리로) 아, 짜증나~~~~
병만   (화들짝 놀라며) 죄송합니다. 바로 가겠습니다.

전화를 끊고 손바닥으로 얼굴을 문지르며 정신을 가다
듬는 병만.

시동을 걸려다 손을 잠시 멈춘다.

병만이 잠시 생각에 잠겼다 대시보드 글로브박스(조수
석에 있는 사물함)를 연다.

박스 속 물건들 뒤 작은 상자에 달린 헤진 리본이 삐죽
보인다.

물끄러미 내려다보다 이내 박스 문을 닫고 시동을 건다.

택배차가 서둘러 그늘을 빠져나간다.

화면 어두워지고

타이틀 : 으랏차차! 병만씨

2. EXT. 읍내 풍경, 마을 입구－오후

구름 한 점 없이 쨍한 여름 하늘.

오후의 따가운 햇살이 내리쬐는 읍내 풍경들.(하늘로부
터 Till-down)(사운드－매미소리)

마을로 진입하는 병만의 택배차.

3. EXT. 노인의 집－오후

목이 늘어진 회색 티셔츠, 낡고 바랜 청바지, 택배회사
조끼를 입고 있는 병만.

택배 상자를 들고 노인의 집으로 들어간다.

병만   어르신. 택배왔어요.

집안에 기척이 없다.

병만   (큰 소리로) 어르신?

택배 상자를 마루에 놓고 뒤로 물러나 사진을 찍는 병만,
두리번거리며 집 뒤편으로 향한다.

노인이 밭에서 풀을 뜯고 있고 밭가에 무거워 보이는 거름포대가 여러 개 있다.
밭 가운데로 가서 노인에게 단말기를 건네는 병만.

병만　　어르신, 물건 마루에 놨어요. 여기에 성함 써주세요.
노인　　（단말기를 받으며）그려.

이때 걸려온 전화를 받는 병만.

병만　　4시쯤 갈건데…. 아, 급하시다구요. 예예, 최대한 빨리
　　　　갈께요.

전화를 끊는 병만.
단말기를 건네받으며 인사를 한다.

병만   안녕히 계세요.

나가려는 병만의 등 뒤로 노인이 무거운 거름포대를 옮기려 낑낑거린다.
잠시 뒤돌아보더니 조끼 주머니에 핸드폰을 넣은 후 조끼를 밭가로 던진다.
병만이 앞장서 포대를 밭 여기저기로 나르기 시작한다.

INSERT
밭 여기저기 하나 둘 계속 놓이는 거름포대들

밭가에 던져진 조끼 주머니 위로 살짝 삐져나온 핸드폰.
핸드폰에 배달독촉 문자가 연이어 쌓인다.

4. EXT. 다방 건너편 도로-오후

택배 차에서 박스 하나를 꺼내들고 건물로 향한다.

등 뒤에 땀이 흥건하다.
문 앞에 서있는 고급차를 힐끗 보며 다방으로 들어가는
병만.

5. INT. 다방 안-오후
시골스러움이 물씬 묻어나는 한가한 다방 안.
양복을 쫙 빼입은 석대가 가운데에 거드름피우며 앉아
있다.
구석에 있는 다방 주인과 능청스럽게 농을 주고받고 있
는 석대.
문을 열고 들어오는 병만이 석대와 눈이 마주친다.
병만은 석대를 그냥 지나쳐 주인에게로 향한다.
석대가 병만을 눈으로 쫓는다.

주인   (반갑게) 왔네!! 커피 한 잔 하고 가.

병만   (사무적으로) 지금 바빠서요.

주인   (돌아서 나가는 병만의 등 뒤로) 그렇게 열심히 하지 마.
       누가 알아준다고!

       물건을 건네고 되돌아 출입문으로 향하는 병만.
       석대의 시선이 병만을 계속 쫓는다.

석대   저기... 혹시... 병만이? 병만이 맞네. 야~~ (거드름피우
       며) 반갑다....

       문을 열려던 병만이 멈칫한다.(병만의 손 C.U)

병만   (석대를 바라보며 어색하게) 어.... 그래...

       갑자기 병만이 핸드폰을 꺼내 귀에 댄다.

병만   여보세요... 아... 네....

       핸드폰을 귀에 댄 채 서둘러 다방문을 열고 나가는 병만.

6. EXT. 다방 밖 - 오후

핸드폰을 귀에 댄 채 다방을 나오는 병만.

밖으로 나와 멈춰서 다방 쪽으로 시선을 던진다.

병만   (짜증나는 듯) 아, 저 개석대.....

이때 진짜 걸려온 전화, 액정이 밝아지는 것이 보인다

(귀에 거꾸로 댄 휴대폰).

깜짝 놀라는 병만, 전화기를 바로 돌려 통화를 한다.

병만   네. 갑니다.

전화를 끊으며 택배차로 향하는 병만.

7. EXT. 다방 밖 택배차 안 - 오후

핸드폰을 조수석 물건 옆에 놓고 운전석에 앉는 병만.

바지 주머니에서 키를 꺼내 시동을 걸어보지만 걸리지

않는다.

병만   (한숨을 쉬며) 아... 오늘 왜 이래....

다방을 힐끔 바라다 본 후 다시 시동을 걸어본다.

병만   저 자식은 왜 여기 있는 거야?

시선을 느끼고 고개를 돌리다 흠칫 놀라는 병만.
석대가 운전석 유리창에 얼굴을 들이대고 쳐다보고 있다.
마뜩찮은 얼굴로 창문을 내리는 병만.

석대   (실실거리며) 퍼졌고만.....

석대가 주머니에 손을 넣은 채 차를 이리저리 쳐다보고
바퀴를 퉁퉁 발로 찬다.

석대   야. 이 정도면 똥차다 똥차....

그때 다시 배달 독촉하는 전화벨이 울린다.
핸드폰 옆에 작은 택배상자 하나 놓여 있다.

석대   (전화기를 턱으로 가리키며) 태워다주까? 바쁜 것 같은
데....

휴대폰, 물건과 석대의 얼굴을 번갈아 보는 병만.

8. INT. 석대 차 안(정지)-오후
무릎 위에 물건을 놓고 조수석에 앉은 병만의 고개가 창
밖을 향해 있다.
창밖을 보다 고개를 돌려 대시보드를 바라보는 병만.
비현실적인 명품 근육질의 보디빌더 사진이 걸려 있다.
다시 고개를 돌리는 병만.
병만을 힐끗 보는 석대.

석대   야. 병맛!

병만이 석대를 쳐다보다 굳은 표정으로 다시 고개를 돌
린다.

석대   (실실대며) 너 보니까 옛날 생각난다....

병만이 주먹을 꽉 쥔다.

석대   (택배상자를 잡으려 하며) 어디냐?

석대가 팔을 뻗자 병만이 흠칫 놀라며 쳐다본다.
얼른 고개를 돌려 석대의 눈을 피하는 병만.
병만의 옆얼굴을 빤히 쳐다보다 운전대를 잡고 키를 돌
리는 석대.

석대   야, 택배 그거... 짭잘하냐? 나도 내려와서 택배나 하까?

굳은 표정으로 창밖만 바라보고 있는 병만.
석대가 차를 움직인다.

9. INT. 배달지(건물) 근처 편의점 앞-오후

편의점 앞에 차를 세우는 석대.

석대   여기까지 태워다 줬는데 뭐 없냐? 음료수 한 잔 해야지.

병만   난 여기서 알아서 갈테니까 음료수 마시던지 알아서 해

석대   오랜만에 본 친구한테 매정하네.

지갑에서 돈을 꺼내 병만에게 건네는 석대.

석대   자... (턱으로 돈을 가리키며) 뭐해?

병만이 석대를 빤히 쳐다보다 그냥 차에서 내린다.

입을 씰룩거리며 돈을 다시 지갑에 넣는 석대.

편의점으로 향하는 병만의 등을 향해 석대가 소리친다.

석대   (창문을 내리고 담배를 흔들며) 야, 병맛! 담배도.....

굳은 표정으로 편의점으로 들어가는 병만.

한 무리의 아이들이 편의점을 나와 웅성웅성 하며 골목
안으로 들어간다.

잠시 후 병만이 음료수와 담배가 들고 편의점을 나온
다.

차 옆으로 오는 병만.

석대는 보이지 않는다.

병만   (투덜대며) 이 자식은 바빠 죽겠는데 어딜 간거야?

주변을 두어 번 둘러보다 조수석에 타는 병만.

INSERT
운전석과 조수석 사이에 놓인 음료수와 담배

조수석에서 석대를 기다리는 병만.

INSERT
택배상자를 툭툭 치는 병만의 손가락(사운드-차키가 구석으
로 툭 떨어지는 소리)
손목시계로 시간을 확인하는 병만

잠시 후 흐트러진 모습의 석대가 다급하게 운전석에 오
른다.

병만   뭐 일이야?
석대   (얼굴을 숨기며) 아, 아무것도 아니야

부리나케 차를 움직이는 석대.

10. EXT. 편의점 인근 배달지(건물) 앞-오후
건물에서 나와 석대의 차로 향하는 병만.

병만   여기서부터는 내가 알아서 할테니까 넌 가봐라

석대의 차를 뒤로 하고 자리를 뜨는 병만.
석대가 창문을 열고 병만을 향해 크게 말한다.

석대   야. 이따 동창회 있으니까 와라... 지혜네 식당으로....

시동을 거는 석대가 구석에 끼어있는 병만의 차키를 발
견한다.
씨익 웃으며 그대로 차를 움직이는 석대.
병만이 멀찍이서 떠나는 석대의 차를 바라보고 서있다.
백미러 속 병만이 점점 작아진다.

11. EXT. 다방 앞 택배차가 서있는 도로-오후
세워놓았던 택배차로 온 병만.

바지주머니를 뒤적뒤적하며 차키를 찾는다.

석대 차에 차키를 빠뜨린 것을 알아채는 병만.

바퀴를 신경질적으로 차며 큰 숨을 내쉰다.

12. INT. 지혜네 식당 방안–저녁

음식이 차려져 있고 실내가 소란스럽다.

배달을 뒤늦게 마치고 들어오는 병만.

곧장 석대에게로 다가온다.

병만   (퉁명스럽게) 차키 내놔.

석대   아나, 차키? 여기 있다!!

석대가 손바닥을 오므린 채 손을 내민다.
병만이 차키를 받으려 하자 손을 벌리는데 빈손이다.
석대와 친구들이 와~~ 하고 웃는다.
병만의 얼굴이 달아오른다.
태섭이 병만을 향해 손짓한다.

태섭   병만아, 이리 와라

석대를 쏘아본 후 태섭의 옆으로 가앉는 병만.
석대가 실실거린다.

석대   근데 이게 무슨 냄새지? 야, 병만이 오니까 뭔 냄새나는
       것 같지 않냐?

친구들 대꾸가 없다.
석대가 화제를 돌린다.

석대   야, 니들 옛날에 나하고 지혜하고 어땠는지 아냐? 걔 생
        각보다 쉽던데? 그냥 한 방에 넘어오더라니까....

이때 방문을 열리고 고기접시를 든 지혜가 들어온다.
친구들이 지혜를 힐끔거린다.

석대   (끈적한 눈빛으로) 너도 와서 앉아라

지혜가 석대의 말을 무시한 채 병만의 옆으로 가 고
기를 굽기 시작한다.
지혜가 옆으로 오자 신경을 쓰는 병만.
킁킁거리다 물수건으로 급하게 얼굴과 목의 땀을 닦는다.

INSERT
고기가 맛있게 구워지고 있는 불판

지혜가 잘 구워진 삼겹살 한 점을 병만의 앞접시에 놓아준다.

지혜를 힐끗 쳐다보는 병만.

병만   (조금 커진 목소리로 석대를 향해) 얼른 차 키나 줘.

석대가 주머니에서 차키를 꺼내 병만을 향해 흔들어댄다.

석대   아, 이거? (실실거리며) 와서 가져가던지.....

식탁위에 차키를 내려놓는 석대를 보는 병만의 얼굴이 차갑다.

석대   병만이 저 새끼, 지금도 병맛이더라. 아까도 내 담배심
       부름 하던데...
친구1   담배심부름?
친구2   야, 병만아, 니 나이가 몇인데 지금도 심부름이냐?
석대   뭐.. 별 수 있냐? 예전처럼 (팔을 뻗으며) 앞으로도 쭈욱
       내 시다바리 해야지...

병만이 석대를 쏘아본다.
병만의 시선을 무시하며 석대가 목을 가다듬는다.

석대   아아... 그건 그렇고, 우리 동창회 회장 말인데....(뜸들
       이다) 그거 내가 할란다!!

병만과 태섭, 친구들의 표정이 마뜩찮다.

석대   왜? 안되냐? 야, 사실 내가 제일 낫지. 여기에서 나만큼
        돈 있고 힘 있는 놈 있어?
병만   (조금 커진 목소리로) 니가 제일 세다고?

석대가 몸을 바로 세우며 병만을 빤히 쳐다본다.
사람들이 석대와 병만을 번갈아 쳐다본다.

석대   (헛웃음을 치며) 이 새끼 봐라?
병만   (더 커진 목소리로) 어딜 봐서 니가 제일 세?
석대   말 다 했냐? (손가락을 병만을 향해 까딱거리며) 야, 병

맛, 너 이리 와봐, 와서 차키 가져가야지..... (큰소리로)
와보라고? (비아냥거리며) 왜? 큰소리 치더니 무서워서
못오겠냐?

병만이 자리에서 일어나 석대를 향해 성큼성큼 다가간다.
놀란 토끼눈이 된 태섭과 지혜, 친구들.

친구2 야, 쟤 오늘 약 먹었냐? 옛날 병만이가 아닌데....

병만이 석대 옆에 와 앉으며 석대를 쏘아본다.

병만   (석대를 쏘아보며) 왔다. 어쩔래?
석대   (어이가 없다는 표정으로) 어쭈, 이 새끼가.... (숟가
       락으로 병만의 머리를 때리며) 눈 안까냐?

몇 대 맞던 병만이 쏜살같이 석대를 향해 주먹을 날린다.

INSERT
물컵이 넘어져 물이 쏟아져 있고 빈병, 수저가 바닥에 나뒹굴고 있다.(사운드-놀라는 소리, 싸움을 말리는 소리)

병만이 석대의 멱살을 잡고 석대는 병만의 목 뒷덜미를 잡은 채 뒤엉켜 있다.
병만이 잡고 있던 석대의 멱살을 팽개쳐 석대가 뒤로 나자빠진다.
병만이 식탁위에 놓여있던 차키를 와락 집어든다.
석대를 바라보며 쓴 웃음을 짓고는 방을 나가는 병만.

어이없다는 표정으로 일어나 앉는 석대.
옷과 머리를 가다듬는다.

잠시 후 핸드폰으로 카톡 오는 소리(까똑까똑), 진동소
리가 방을 가득 채운다.

핸드폰을 보며 웅성웅성하는 사람들.

친구1   어? 뭐야?
친구2   동영상(S#동영상)인데?

(동영상) 편의점 인근 골목안-늦은 오후

영상을 보며 키득거리는 사람들.

친구3 어? 석대네. 근데 애네 고딩 아니야?
친구4 (확인했다는 듯) 맞네.

모여 있는 사람들이 한꺼번에 웃음을 터트린다.
석대가 고개를 힘없이 떨군다.
지혜가 조용히 석대를 힐끔 쳐다본 후 방을 나간다.

13. (동영상)EXT. 편의점 인근 골목안-늦은 오후
편의점 골목 한쪽에서 담배를 꺼내 무는 석대.
대여섯 명의 학생들이 골목 안쪽에 모여 웅성웅성 하
고 있다.(사운드-왁자지껄 웃는 소리, 욕, 담배를 달
라는 소리)

석대가 학생들을 보며 헛웃음을 짓고 고개를 끄덕이며 어깨에 힘을 준다.

건들건들한 걸음으로 거들먹거리며 학생들에게 다가간다.

cut to

학생들에게 둘러싸인 석대가 손을 든 채 무릎을 꿇고 있다.

석대의 머리가 흐트러지고 넥타이가 풀려 있고 입술도 터졌다.

석대의 눈에 두려움과 창피함이 담겨 있다.

학생들이 발로 툭툭 차는 등 석대를 조롱한다.

14. INT. 지혜네 식당 방밖-저녁

방을 나와 식당 가운데 식탁에 앉아 있는 병만.

식탁 위에 차키와 핸드폰이 놓여 있다.

방안의 웃음소리에 병만이 눈을 감고 씨익 웃는다.(사운드-맞네... 점점 커지는 웃음소리)

<회상1-편의점 인근 골목/오후/실외>
편의점에서 음료수와 담배를 사가지고 나온 병만.
차는 그대로 서있고 석대는 보이지 않는다.
편의점 주변 골목을 두리번거리는 병만.
담배를 물고 학생들을 향해 가고 있는 석대를 발견한다.
휴대폰을 꺼내는 병만의 손(C.U)
석대 쪽을 향해 가는 병만의 발(C.U)

방에서 나와 병만을 발견한 지혜.
병만의 맞은편 자리에 앉는다.

지혜   너 옛날하고 많이 다르다!!

병만이 쑥스러운 듯 머리를 긁적거리며 고개를 살짝 숙
인다.
이내 고개를 들어 지혜를 똑바로 쳐다보며 웃는 병만.

15. (에필로그)EXT. 지혜네 식당앞 도로-오전
지혜네 식당 앞에 서 있는 병만의 택배차.
말끔하게 정리된 머리, 깔끔한 셔츠 차림의 병만이
열려 있는 식당 안에서 식탁에 앉아 나물을 다듬는 지혜를 보고 있다.

몸을 기울여 대시보드 글로브박스(조수석에 있는 사물함)를 연다.
물건들 맨 위에 깨끗한 리본이 달린 작은 상자가 또렷이 보인다.
상자를 꺼내 꼭 쥐는 병만의 손(C.U).
상자를 들고 차에서 내리는 병만.
식당을 향해 성큼성큼 걸어간다.(성큼성큼 걸어가는 병만의 발/C.U).

페이드아웃

<으랏차차! 병만씨> STAFF
프로듀서 이차섭, 연출 김보연, 조감독 김혜옥, 촬영1 박미숙,
촬영2 한미연, 사운드 김연수, 붐오퍼 오태풍, 소품 김보연
·이차섭·이혜영, 스크립터 김미숙·오인애, 분장 한미연,
지도강사 이은상·오태풍

<으랏차차! 병만씨> CAST
병만(이차섭), 석대(권영대), 지혜(이혜영), 태섭(김정흠),
친구(김정오·김진우·김병주·박정근·정현수·황경애
·김미선), 노인(정도영), 다방주인(김보연), 택배 독촉
녀(김혜옥), 고등학생(최환희·문다빈·이수원)

영화6 - 족욕기

1. (프롤로그)EXT. 화장실-저녁
검은 화면 여자의 울음소리가 들린다.
- 서서히 페이드 인

밝은 상가 입구에서 시작해 어두운 안으로 들어가는 장
면에서 비틀거리며 화장실로 들어가는 뒷모습을 카메라
가 따라간다.
고개를 숙이고 있는 여자의 모습이 거울이 비친다.
- 서서히 페이드 아웃

타이틀 : 족욕기

2. INT. 집안-아침

압력밥솥이 요란한 소리와 함께 연기를 내뿜고 있다.

순옥이 분주하게 아침준비를 하고 있다.

남편이 안방에서 부르는 소리가 들린다.

남편 어이~ 양말 어딨어? 검정양말 어딨어?

순옥 아잇 두 번째 서랍에 있잖아요!

남편 어디 있냐고!!!

순옥이 앞치마에 손을 닦으며 안방으로 간다. 병수(아들)이 방에서 가방을 메고 나와 아무 말 없이 현관 쪽으로 간다.

순옥 아들~~ 밥먹고 가야지.

아무 말 없는 병수

순옥 밥 다 되었어. 얼른 한 숟가락 뜨고 가~

병수 (신발을 신으며) 늦었다고!!!

뛰쳐 나간다 병수, 그 뒤로 꽝하고 닫치는 현관문.
딸이 부스스하게 나와 화장실로 가며 엄마에게 말한다.

딸   (머리를 긁으며 심드렁하게) 엄마 뭐 타는 냄새 나~

순옥은 얼른 주방으로 달려가 가스불을 끈다.
한심하게 순옥을 바라보는 남편.

남편   (혀를 차며) 정신머리 가출했냐!

현관으로 나가는 남편 꽝하고 닫치는 현관문

식탁을 바라보며 허무해 하는 순옥.

cut to

식탁에서 무표정으로 천천히 밥을 먹고 있는 순옥.

3. INT. 마트-오전
계산대 앞에서 손님과 다투고 있는 순옥.

손님   (화를 내며) 아니, 그니까 왜 환불이 안되냐고!
순옥   (쩔쩔매며) 손님. 영수증을 가져오셔야 된다고 몇 번을
       말씀드려요.

손님   (어이없다는 듯) 아니 그러면 내가 거짓말 한다는 거야!!
　　　　여기 사장 어딨어?!

4. INT. 사무실 - 오전
사무실에서 매니저에게 혼나고 있는 순옥.

매니저   김순옥씨 왜케 유도리가 없어요??
순옥   영수증이...
매니저   아 됐고. 김순옥씨는 내일부터 상품진열이나 하세요.

억울한 듯 입술만 깨물고 있는 순옥

매니저   뭐해요... 나가지 않고...

5. INT. 거실−저녁
가계부를 뒤적이며 쳐다보고 있는 남편.

남편   (미간을 찌푸리며) 야. 가스비가 왜 이렇게 많이 나왔어?

순옥, TV를 보며 들은체만체한다.

남편   (앞으로 넘기다 뒤로 넘기며) 어?! 수요일날 콩나물 천원? 난 콩나물 먹은 기억이 없는데?

순옥   (어이없다는 듯) 그때 술 먹고 온 다음날 아침에 콩

나물 국 끓여 줬자나~

남편   (정색을 하며) 내가 언제!

순옥   (주방으로 이동하며) 내가 못살어~ 아휴 내 신세야~

주방에 가 냉수를 마시는 순옥.

밖에서 개 짖는 소리가 들린다.

남편   천원 어따가 썼냐고~~!!

순옥   (혼자말로) 저 놈에 개새끼는 왜 짖고 난리야

순옥을 처다보는 남편.

6. INT. 거실-오후

순옥과 친구가 고구마와 차를 앞에 두고 앉아 있다.

친구   머??? 가계부 검사를 했다고??

순옥   매일해

친구   아고 이 답답아. 고구마보다 니가 더 답답하다

순옥   내가 이러고 산다

친구   그래도 니 남편은 힘이 남아도나보네. 왜 우리남편도 너
        처럼 갱년기가 왔자나. 맨날 축처져 가지고 힘도 못써

7. INT. 마트안-오후

마트 안에서 상단진열대 종이컵 박스를 정리하고 있
는 순옥의 위로 박스가 떨어지려 한다.
갑자기 진구가 나타나 뒤에서 받아준다.
깜짝 놀라며 진구를 쳐다보는 순옥.

순옥   (수줍게 옆으로 바라보며) 고마워요
진구   (목소리를 깔며) 괜찮아요?
순옥   (고개를 숙이며) 아...예...(몸을 옆으로 뺀다.)

박스를 제자리에 올려 놓고 자리를 뜨는 진구.

진구의 뒷모습 바라보며 미소를 짓는 순옥.

8. INT. 순옥집안-저녁

콩나물을 다듬으며 진구와의 일을 회상하는 순옥.

히죽거리며 콩나물을 다듬고 있는 순옥.

남편이 가까이 다가오지만 순옥은 알아차리지 못한다.

콩나물 머리를 바구니에 담고 몸을 비닐봉지에 넣는 순옥.

남편   (순옥에게 가까이 다가와 얼굴을 들이밀며) 오늘은 콩나물 대가리 반찬이냐?

깜짝 놀라는 순옥, 바구니를 쳐다본다

바구니 클로즈업

남편   (방으로 들어가며) 아이고 ~ 치매네 치매~

방으로 들어가는 뒷모습을 보며 고개를 절레절레 흔드
는 남편.
순옥은 콩나물 위치를 다시 바꾼다.

9. INT. 마트안-오후
진열대를 둘러보고 있는 매니저.
비어있는 진열대를 보고 화가 난 표정으로 순옥을 찾으
러 간다.

10. INT. 창고안-오후
진구가 반팔을 입고 땀을 흘리며 일하고 있는 모습을 힐
끔힐끔 바라보는 순옥.

매니저 (순옥 뒤로 다가와) 이순옥씨 @@진열대 엉망이던데...
이순옥씨 담당 아니에요? (화를 내며) 일처리 이렇게 하
실꺼에요!!?

매니저는 계속 순옥을 야단치고 순옥은 고개를 푹 숙이
고 있다.

매니저   (호통치며) 따라와 보세요!

매니저가 앞장서고 순옥은 뒤따라 진열대로 향한다.
가는 도중 진구와 스쳐지나갈 때 진구가 순옥에게
윙크한다.
순옥은 어리둥절해 한다.
진열대에 도착해보니 진열이 다 되어 있다.

매니저   (어리둥절하며)   어?!

순옥, 베시시 웃는다.

11. EXT. 커피 자판기앞-오후

커피 자판기 입구 C.U

커피 일회용 컵이 보이고 커피가 다 나오자 컵을 꺼내는 순옥의 손.

수줍어하며 진구에게 커피를 건네는데 진구와 손이 닿는다.

서로 닿는 손.

순간 화들짝 놀라는 순옥의 얼굴이 이내 홍조를 띠며 미소를 머금는다.

순옥   (진구를 똑바로 쳐다보지 못하고 작은 목소리로) 진구
         씨~~ 고마웠어.

진구   (건치를 자랑하듯 환하게 웃으며) 고맙긴요. (걱정스러
         운 표정으로) 근데, 누나, 손이 많이 차갑네요. 여자들은
         손발이 따뜻해야 건강에 좋다던데.

순옥   (마주잡은 손을 비비며) 내가 원래 수족냉증이 있는데...
         요즘 더 심해진 것 같아...

진구를 살짝 바라보며 부끄러운 미소를 짓는다.

진구   (커피를 마시다가 갑자기 뭔가 생각난 표정으로) 누나 이번 휴일에 뭐하세요~ 누나 만나서 할 애기도 있고. 시간 되시면 00쪽에 00아시죠. 그 바로 옆에 사무실이 하나 있는데 거기로 나오세요.

순옥은 진구의 말을 들으며 몸을 비비꼬며 고개를 끄덕이며 진구를 살짝 쳐다보며 다시 고개를 숙이고 웃는다. 순옥과 진구 다정히 이야기를 나누는 모습 투샷 서서히 F.O

12. INT. 순옥의 집 주방-오전
에일리의 <보여줄게> 노래 도입부를 따라 부르는 순옥의 목소리와 더불어 서서히 F.I

꽃분홍 헤어롤을 머리에 말고 김밥을 만들고 있는
순옥의 뒷모습.

김밥을 만들고 있는 순옥의 손부터 얼굴로 Tilt-up
순옥의 얼굴 C.U (과한 화장과 빨갛게 칠한 입술)
노래가 나오자 김밥을 들고 립싱크를 하는 순옥
(노래: 에일리의 <보여줄게> 싸비 부분)
한창 열심히 노래를 부르고 있는 순옥의 뒤로 다가오는
남편.

남편   (배를 벅벅 긁어대며) 이 여자가 정신이 어떻게 된
       거 아녀~ 왜 안하던 짓을 허고 그려.

순옥 남편의 등장에 화들짝 놀라며 아무 일 없었다는 듯
한껏 들어 올렸던 김밥을 도마에 내려놓고 폰을 끄고 김
밥을 썬다.

남편   (김밥을 바라보다 꽁지 부분을 집어먹으며, 무심한 듯)
       누구 생일여~~
순옥   (다 썬 김밥을 통에 담으며 심드렁하게) 생일날 기껏해
       야 김밥 싸먹는 사람은 나 뿐이지 나뿐여. 지지리 복도
       없지.....

달력을 보는 남편.

남편   (조금을 미안한 마음에 헛기침을 하다가 순옥의 모습을
          바라보고) 입술이 왜 그려? 쥐 잡아먹었어?

순옥   (남편의 말을 듣는 척도 안하고는 나들이용 3단통을
          들고 현관 쪽으로 나가며) 좀 늦을지도 몰라~

현관문이 꽝하고 닫힌다.

13. INT. 족욕기 판매장 사무실 앞-오후
순옥이 옷매무새를 가다듬고 거울을 꺼내 얼굴을 확인

하고 윗입술과 아랫입술을 마주친다.(빠빠)

긴장한 마음으로 매장 안을 기웃거리다 용기를 내 결심
한 듯 매장 문을 연다.
매장 안을 쳐다보는데 어떤 여자와 손을 마주 잡고 있는
진구의 모습이 보이고,
놀람과 질투심에 순옥 자신도 모르게 매장 문을 확 열고
들어간다.

14. INT. 족욕기 판매장 사무실 안-오후
어떤 여자의 뒷모습이 보이고 그 여자와 마주 앉아서 상
담을 하고 있는 진구의 얼굴이 보인다.

진구 순옥을 보고는 어떤 여자의 손을 놓고 일어나 반가
운 얼굴로 순옥에게 다가온다.

진구   (반갑게 활짝 웃으며) 누나~~ 오셨어요~
순옥   (어떤 여자를 옆눈질로 경계하며) 예, 진구씨. 안녕하세
         요~

이때 어떤 여자가 순옥을 향해 고개를 돌리고 순옥은 그

여자와 눈이 마주치자 깜짝 놀란다.
어떤 여자(매니저)도 깜짝 놀란다.

진구   (여전히 웃으며) 마침 매니저 누님도 와계셨어요. 순옥
       누나도 이리로 오셔서 앉으세요.

       깜짝 놀라던 매니저는 순옥을 째려보고 기분 나쁜 표정
       을 하고 있다.
       순옥은 얼빠진 표정으로 의자에 앉고 가지고 온 3단김
       밥통을 발밑에 내려놓는다.
       무언가를 열심히 설명하는 진구와 어색한 표정의 순옥.
       진구에게 웃음을 지으며 열심히 듣는 척하는 매니저 각
       각 단독샷과 풀샷

       15. EXT. 족욕기 매장 앞에서 거리로 이동-저녁
       매장 문이 열리고 순옥이 나온다. (다리 C.U)
       손에는 족욕기 박스와 3단김밥통을 들고 있고 허탈한
       표정으로 나오는 순옥(다리→손→얼굴 Tilt-up)
       매장 앞에서 거리로 터덜터덜 걸어가는 순옥의 얼굴표
       정의 변화(무표정→눈물이 갑자기 후두둑 떨어지고 →
       점점 일그러지며 통곡 직전의 표정)

그 표정의 변화 위로 진구의 나레이션

진구   (자상하게 설명하는 판매원 같은 목소리로) 순옥이 누나
        손발이 차가우시잖아요. 갱년기 수족냉증에 이보다 더
        좋은 게 없어요. 매니저 누님도 저번에 사가시더니 선
        물용으로 2개 더 구입하신다고 이렇게 또 오셨잖아요.
        저를 믿고 하나 들여놓으세요. 효과 100%에요. 22만원
        인데 누나니까 내가 20만원에 드릴게요~~ 할부 원하시
        면 3개월 할부도 되고요~~

        지나가는 여학생 둘이 울고 가는 순옥을 힐끔대며 수군
        거리는 걸 보고 순옥은 고개를 숙이며 손으로 입을 막고
        는 급히 화장실로 들어간다.(프롤로그와 연결)

16. INT. 순옥의 집 안방 또는 거실 – 저녁
지워진 화장과 조금 헝크러진 모습으로 앉아 있는 순옥.

옆에는 족욕기와 3단김밥통이 아무렇게나 놓여 있다.
이때 현관문이 열리고 검은색 비닐봉지를 들고 들어
오는 순옥의 남편.

남편   이게 머야? (족욕기인걸 알고) 이 여편네가 멀 또 사질렀
       어!!! 집도 좁아죽겠고만 그걸 어디다가 놓고 쓰려고!!

순옥   그럼 나보고 어떻게 하라고. 나도 남들처럼 콩나물값
       신경 안쓰고 살고 싶고, 누구 엄마, 누구 와이프가 아

- 173 -

니라 그냥 나야 나... 요즘 나한테 관심 갖는 사람 있어? 내가 어떤지? 어떤 생각을 하고 있는지, 몸상태는 어떤지... (순간 욱해서 족욕기 박스를 내던진다) 이깟 거 얼마나 한다고! (울먹이며) 오늘 내 생일이야, 당신 알고나 있었어? 내 친구들은 갱년기라고 남편들이 알아서들 사 준다는데, 당신은 뭐야? (엉엉)

한숨을 쉬며 식탁에 검은 봉지를 툭 던지고 가는 남편. 검정봉지 안에 담겨 있는 미역과 소고기(C.U)

17. INT. 순옥의 집 - 아침
클래식음악이 들리며 서서히 F.I 클래식 음악을 들으며 커피를 음미하는 순옥, 이때 순옥의 남편 목소리가 안방 쪽에서 들린다.
순옥, 눈을 감으며 클래식 음악에 젖어 있다. 아침을 준비하고 있는 남편, 밥을 먹고 있는 딸, 밥을 푸고 있는 아들.

남편   아 뜨거 뜨거 야야 받침대 받침대
딸   가계부 밖에 없는데
남편   아 그냥 받쳐 받쳐

찌개냄비를 가계부 위에 내려놓는 남편.

아들	아빠가 왠일이래
남편	먹어 먹어, 아 맛있겠다~
딸	잘 먹겠습니다 오, 맛있는데~
남편	그래~?

페이드아웃

<족욕기> STAFF
프로듀서 이차섭, 연출 김혜옥, 조감독 박미숙, 촬영감독 권영대
·김보연, 슬레이트 박미숙, 스크립터 조인애·김미선, 메이킹
정도영, 사운드 이차섭, 붐마이크 이종열, 분장 한미연, 소품
한미연·박미숙·이혜영·이차섭, 의상 김강옥·문광수·
유동범, 지도강사 이은상

<족욕기> CAST
순옥(김강옥), 남편(문광수), 진구(유동범), 마트 매니저(김보연),
순옥친구(이주해), 갑질손님(황경애), 딸(박혜란), 아들(최환희),
지나가는 사람(정도영, 조인애), 마트손님(박미숙, 김미선)

영화7 – 유별난 인생

1. (프롤로그)INT. 유별남의 아들이 일하는 사무실 (광고월드, 또는 건축사무소) – 낮

유별남의 아들이 책상에 앉아서 열심히 일하고 있는데 전화가 걸려온다.

하던 일을 계속하면서 사무적으로 전화를 받는다.

유명석(유별남의 아들)　　여보세요?

(전화기) .....

유명석　뭐라구요? 알았으니까 나중에 전화하세요.

(전화기) .....

유명석   아참~!! 바쁘다니까요. (전화를 끊는다)

유명석   (혼잣말로) 에고, 요즘도 이런 거에 속는 사람이 있나?

유명석은 아무 일도 없었다는 듯 하던 일을 계속하는데
전화가 걸려온다

유명석   (화를 버럭 내며) 나 바쁘다니까. 확 신고해 버릴까?
(전화기) .....

유명석   아아.... 안녕하세요? 근데, 웬일이세요?
(전화기) .....

유명석   네?? 아버지가 돌아가셨다구요?

타이틀 : 유별난 인생

2. INT. 도도혜가 일하는 로컬푸드 매장(치즈카페)-낮
유별남이 매장 안으로 들어서자 반갑게 맞이하는 도도혜

도도혜   어머~!! 별남 오빠!!? 여긴 웬일로?

유별남   그냥... 도혜한테 점심이나 사줄까 해서....

도도혜 오빠가 먼 돈이 있다고... 잠시만!!

손님이 매장안으로 들어온다.

유별남 바쁜가 보네?? 밥은 담에 먹자.

유별남은 도도혜에게 서류봉투를 건넨다.

도도혜 오빠 이게 뭐야?
유별남 사업하고 싶다며~!!
도도혜 됐네요! 몸도 안좋은 사람이... (내심 좋은 듯 입가에 미
        소) 에이... 신경 안써도 되는데...

유별남 나한텐 필요 없어. (쿨한 척 뒤 돌아 서며) 나 간다~!!

도혜는 서류봉투를 책상에 올려놓고, 한참을 바라본다.
(서서히 F.O)

3. INT. 차안(시장 주차장)-낮
유별남은 승용차에 올라타서 시동을 켜자마자 전화를
받는다.
동창친구 아버님 부고 소식이다.

유별남 여보세요?
(이용석) 어... 나 용석인데... 순탁이 아부지가 죽어부렀디야.
유별남 그래? 평소 건강하신 분이... 어쩌다가...
(이용석) 경운기 빠구하다가 트럭에 치어죽었대.
유별남 아이고.... 경운기... 그게 조심해야지.... 무지하게 위험
        하등만
(이용석) 야! 나는 바뻐서 못가니깐 니가 내 봉투 좀 해라
유별남 이 자식들은 내가 백수라고 늘 한가한 줄 아나보네...얼
        마 할건데?
(이용석) 그래도 친구 아버님인데....한 십만원 해야지...
유별남 돈도 없으면서. 5만원만 해 새꺄!! (혼잣말로... 에이

쒸.... 돈도 없는디...)

유별남, 다시 어디론가 전화를 한다.
전화벨 소리 울리고 잠시 후 친구 우직한이 전화 받는
소리.

(우직한) 여보세요?

유별남 직한아! 난데.... 순탁이 아부지가 돌아가셨다는디....
        너그 회사에 연락 없었냐?

(우직한) 아니?? 없었는데??

유별남 애새끼.... 친구 매상 좀 올려주지....

(우직한) 얌마!!... 상주가 그럴 정신이 있겠냐?

유별남 하기사... 먼 정신이 있었어..... 암텅가네.... 나는 바쁜
        일이 있어서 그런디... 네가 내꺼까지 부조 좀 해라. 용
        석이도 나한테 10만원 대신 하라는데.... 내가 먼 돈이
        있것냐? 내거랑 용석이꺼랑 좀 대신 해줘....

(우직한) 나한테 돈 맡겨놨냐? 새꺄?

4. INT. 허름한 술집(깡통삼겹살)-밤
우직한과 유별남은 술잔을 기울이며 담소를 나누고 있
다.

유별남   순탁이 아부지 손님은 많이 들었냐?

우직한   먼 손님이 있겠냐? 순탁이가 사는 게 뻔한디(한숨을 쉰다)

유별남   긍게.... 그래도 손님이 많이 들어야 순탁이 형편이
           좀 나아질턴디...

우직한   싸가지 없는 시끼.... 아부지 장례식을 돈 벌라고 치루
           냐?

유별남   그런 말이 아니고 .....

우직한   그나저나 나한테 부조금 빚진 거 언제 갚을래?

유별남   나 죽으면 부조금에서 내 빚부터 청산해라. 유언장 써
           줄까?

우직한   미친놈.... 아싸리 니 장례식을 미리 치루고 부조금 좀
           챙겨서 제대로 쳐묵고 댕겨라. 제발~!!

유별남   그럼.... 내 장례식 니가 처리 줄래? 그동안 부조금 냈던 거
        못 받고 죽는 게 무지하게 억울했었는데.... 잘됐네....
우직한   에고..... 이런 농판을 내가 친구라고....

        5. INT. 유별남의 방안(이피디님 어머님댁)-낮
        방 구석진 자리에 뜯지도 않은 우편물이 수북이 쌓
        여 있고, 그 속에 빚 독촉장이 끼어 있다.
        유별남은 늘어진 내복 차림으로 누워서 끙끙 앓고 있다.
        이때 밖에서 우직한의 목소리 들리고....
        방문이 벌컥 열린다.

우직한   (누워 있는 유별남을 발로 툭툭 차보더니) 아직 안
        돼졌냐?

유별남   (기운 없이 피식 웃으며) 왔냐?

우직한   전화도 안 받길래 뒈진 줄 알았더만 아직 살아있네??

유별남   미안하다. 자식아. 새해 선물로 너네 회사 매상 좀 올려
         줄라고 했는디.... 큭큭

우직한   으이구, 인간아. (조용히 뜸을 들인 후 조심스럽게 물어
         본다) 애들은 자주 오냐?

유별남   (살짝 당황하며 말을 더듬는다) 어... 어, 엊그저께 큰놈
         왔다 갔어.

우직한   (방안을 둘러보다 방안 가득한 쓰레기 더미에 눈길을 멈추
         며) 아들놈이 왔다갔다면서 방구석이 이 모냥이냐???

         우직한은 간다는 인사와 함께 방을 나서려는데, 구석에
         쌓인 우편물 속 독촉장을 발견하고 혀를 끌끌 차며 방을
         나선다.

6. INT. 우직한 사무실(장례식장)-낮
깊은 생각에 빠져있는 우직한.
설거지통에 쌓여 있는 그릇들과 방구석의 독촉장 그리
고 애들과 연락을 자주 하냐는 질문에 당황하는 별남이

를 생각하며 깊은 한숨을 내쉰다.

이때 친구 이용석에게서 전화가 걸려온다.

우직한   여보세요.

(이용석) 어... 나 용석인데.... 소식 들었냐?

우직한   뭔 소식??

(이용석) 아, 글씨, 도혜가 투자금 갖고 날랐단다.

우직한   야가 지금 뭔 소리야.... 뜬금없이.

(이용석) 야야, 빨리 TV 틀어봐

우직한, 고개를 갸웃 거리며 근심스런 얼굴로 티브이를 켠
다.

TV에서는 유모씨가 치즈 대리점 설립을 빙자해 투

자금을 유치한 후 도주를 했다는 뉴스가 방영중이다.

앵커(김보연) 다음 소식입니다.
임실에서 치즈 대리점 설립을 빙자해 거액의 투자금을
받아낸 후 도주했다는 소식입니다.
이 소식 김혜옥 기자가 취재했습니다.
김혜옥 기자? 소식 전해 주시죠.(교회2층 사무실)

기자(김혜옥)   여기는 유모씨가 설립했다는 발효식품회사 사
          무실입니다. 보시다시피(기자 목소리 점점 멀어지고 서
          서히 F.O)
          우직한, 깊은 한숨을 내쉬며 탄식하듯 중얼거린다.(근심
          어린 표정으로 골똘히 생각에 잠기며 F.O)

7. INT. 유별남의 방(이피디님 어머니집)-낮
우직한과 유별남은 실랑이를 벌이고 있다.

우직한   정신 넋 빠진 놈... 아무리 그래도 그렇지 인감도장을 맡
        기냐? 왜 네 거시기도 떼어주지 그랬냐!!

유별남   그럴 수만 있다면 떼어 주고 싶더라. 쓸데도 없는 물건
        인데.... 큭큭.

우직한   네가 이제 점점 미쳐가는 구나.... 어휴~!!

유별남   도혜가 안됐잖아.

우직한   이제 어떡할래? 그 몸으로 징역살래?

유별남   (기침하며) 내가 뒈지면 다~ 끝나.

8. INT. 장례식장 사무실(중앙장례식장 사무실)-낮
여기저기 친구 유별남의 부음을 전하는 우직한.

우직한 용석이냐?
(이용석) 어... 왜?
우직한 별남이가 뒈져 부렀다.
(이용석) 뭐?? 별남이가 왜 죽어? 느닷없이?
우직한 심장마비래... 이번 사건으로 충격을 많이 받았나 보더라.
(이용석) 그런다고 죽어?? 장난치지 말고...
우직한 용탁이성이랑 친구들은 니가 알려라. 나는 별남이 가족
        들하고 친지들 연락할테니까. (뚝 전화를 끊는다)
(이용석) 야... 야~!!! 직한아~!! 직한아~!!

9. INT. 장례식장(중앙 장례식장)-오후
유별남의 영정사진이 걸려 있고,
그 앞에서 상주복을 입은 우직한이 손님을 맞이하고 있다.
잠시 후에 유별남의 아들 유명석이 도착하고, 영정사진
앞에서 오열한다.

명석은 우직한과 인사하고 우직한은 아들에게 상주
의 완장을 인계한다.

우직한은 완장을 넘긴 채 현장에서 상주노릇을 한다.
부의함 앞에는 김용탁이 앉아서 손님을 맞이한다.

10. INT. 장례식장 대기실(중앙장례식장 대기실)-밤
유별남의 친구와 지인들이 우직한과 담소를 나누고 있다.

이용석 (주위를 살피며 소곤거리는 목소리로) 혹시 자살한 거
       아니냐?
우직한 심장마비라니까....
동창1(한미연) 도혜 건은 어떻게 된 거냐?
우직한 나도 뉴스에서 들은 게 다야.

김용탁 별남이가 그럴 놈은 아닌데....

동창1(한미연) 도혜 그년이 뭔가 일을 꾸민 거 아녀?

김용탁 도혜가 나타나 봐야 알겠네.

이용석 그럼 사건은 어떻게 되는 거지?

우직한 머... 불기소 처분이 내려지겠지. 사건 당사자가 죽었
는디...

이때 문밖에서 아무도 모르게 장례식장을 훔쳐보고 급
히 사라지는 도혜

11. INT. 유별남의 방(이피디님 어머님댁)-낮
유명석이 유별남의 유품을 정리하고 있다.

유별남이 사용했었던 여러 가지 유품들에 눈길이 멈추고 그 물품들에서 추억을 생각해 내고는 쓴 웃음을 짓는다.
아버지의 이런저런 유품을 정리하다 노트 한 권을 발견한다.
한 장 한 장 천천히 넘기면서 괴로움과 자책으로 얼굴이 일그러진다.

　　아내에게

　　너로 인해 아팠으나,
　　너로 인해 성숙해지고.
　　그리고 나서 더욱 아프다.

　　너로 인한 상처로 내가 아프다가
　　시간은 내 상처를 치유했고,
　　비로소 내가 낸 너의 상처가 보이더라.

　　가을이 깊어갈수록 또 다시 너 때문에 아프구나.
　　미안하다.

　　아버지로 산다는 것.

사랑하는 아들아~!!

미안하다.
오늘 니 문자 받고 많이 울었다.
평생 상처가 될 거라는 생각에...
조금만 참았으면 되었을 걸
경솔했던 아빠를 용서해 다오.

유명석, 아버지의 글을 끝까지 읽고 눈에서 눈물을 떨군
다. 이때 어디선가 전화가 온다.

유명석 네... 잘 보내 드렸어요. 알았어요. 엄마 지금 올라 갈 거

에요.

12. EXT. 으슥하고 허름한 외딴집 안(이피디님 어머님 뒷집)-낮

모자를 푹 눌러쓴 유별남과 우직한이 만나서 이야기한다.

우직한   죽은 자식 치고는 때깔 좋은데?

유별남   차라리 죽는 게 낫겠다. 살아 있는 거 자체가 괴로움이야. 미치겠다.

우직한   그럼 장례식이 무슨 잔치인줄 알았냐?

유별남   죽는 거보다 쌩으로 관계를 끊는 게 더 어렵더라...

우직한   너도 미친놈이지만, 내가 뭔 짓을 했는지 모르겠다.

6-1. (회상씬)INT. 별남의 방(이피디님 어머님댁)-낮

우직한   이왕 이렇게 된 거 네 장례식부터 치르자. 내가 해줄게.

유별남   미친 새끼!! 잘못하면 네가 깜방 가, 임마~!!

우직한   그건 내가 알아서 할테니까... 걱정 말고.

유별남   장례는 어떻게 치른다고 해도, 그 동안 나는 어디서 머하고 있냐?

우직한   어디긴 어디여 관속이지. 니 관속에서 반성이나 해 이

자식아.

유별남　참 내 인생 버라이어티 하네. 근디 도혜 소식은 들었냐?

우직한　장례식 때 얼핏 본거 같기도 하고...

유별남　그래?

13. (회상씬)INT. 장례식장 시체 보관실(장례식장 접견실)–
낮
별남은 침대에 홀딱 벗고 흰 천으로 몸을 가리고 누워있
다.

우직한　날씨가 너무 추워서 진짜로 얼어 죽을지도 모르니까. 옷
　　　　입고 있다가 내가 신호를 보내면 그 때 죽은 체 하고 누
　　　　워 있어라.

유별남 　(몸을 달달 떨면서 혼잣말로) 차라리 죽는 게 낫겠다. 이
　　　　게 뭔 짓인지....

우직한 　하루 죙일 그렇게 있으면 너 진짜 돼진다. 옷 입고 있
　　　　다가 신호 보내면 준비하라고!!

　　　　옷을 입고 침대에 누워있는 유별남.
　　　　이때, 누군가 시체 보관실의 문을 열려고 하는 기척
　　　　을 느낀다.
　　　　급히 옷을 벗고 죽은 체 하는 유별남.

14. EXT. 유별남의 숲속 외딴집 - 낮
집 주위를 청소하느라 분주한 유별남에게 전화가 걸려
온다.

유별남 　여보세요?
우직한 　어, 난데... 여기 명석이랑 명석이 엄마 와 있다.
유별남 　(깜짝 놀라며) 명석이가 어떻게 알고?
우직한 　자세한 이야기는 나중에 하고, 얼른 나와.
유별남 　아... 알았다.

유별남은 허둥지둥 집에서 뛰어 나온다.

15. (에필로그)EXT. 볕이 좋은 들판, 거리, 시장-낮
차를 타고 가는 유별남의 눈에 맑게 갠 하늘과 산, 들,
숲이 보인다.

거리에서 한가로이 거니는 사람들도 행복해 보이고,
시장에서 무엇인가 다듬는 할머니의 손길에서조차 행복
이 보인다.
개와 고양이의 나른한 몸짓도 모두 평화로운 일상을

즐기는 듯하다.

유별남은 차에서 내려 꽃집으로 들어가고,

조금 있다가 한 아름의 꽃다발을 들고 나온다.

꽃다발을 들고 나오는 유별남이 신호등을 건너려는 찰
나, 브레이크 고장인 듯 질주하는 트럭에 치인다.

끼이익~!! 하는 브레이크 파열음과 함께 도로에 꼬꾸라
지는 유별남.

유별남은 피를 흘리며 쓰러져 있고,

그 옆에는 꽃들이 어지럽게 흩어져 있다.

핏물이 꽃들 사이로 번진다.

페이드 아웃

<유별난 인생> STAFF
프로듀서 이차섭, 연출 정도영, 조감독 김혜옥, 촬영감독 박미숙
· 김보연, 스크립터 한미연, 동시녹음 정인호 · 이혜영 · 이차섭,
붐마이크 이종열 · 김민수, 분장 한미연 · 박미숙, 스토리보
드 김혜옥, 소품 이차섭 · 한미연 · 김정흠, 지도강사 이은상
· 오태풍

<유별난 인생> CAST
유별남(김정흠), 우직한(권영대), 유명석(심경석), 도도혜(박미숙),
이용석(이차섭), 선배 김용탁(정도영), 친구(한미연), 손님
(홍옥표), 기자(김혜옥), 앵커(김보연)

영화8 - 죽부인

1. (프롤로그)EXT. 홍성숙의 집 마루—낮(배경음악: 섬집 아기)

홍성숙의 엄마가 죽부인을 손질하고 있고 어린 홍성
숙이 엄마 주위에서 놀고 있다가 엄마 쪽으로 온다.

홍성숙을 안아 주며 볼을 부비는 엄마.

꺄르르 웃는 홍성숙.

점프컷

홍성숙의 엄마가 홍성숙을 무릎에 앉히고 발톱을 깎아
주고 있다.

자신의 발톱을 깎는 엄마의 손등을 만지는 홍성숙.
고개를 들고 엄마의 얼굴을 보는데 발톱을 깎아 주던 엄
마가 없어졌다.
어리둥절한 듯 사방을 두리번거리는 홍성숙.
혼자 남아 엄마를 찾으며 울고 있는 홍성숙.

집 뒤에 있는 대나무 숲에 바람이 불어 대나무 숲이 울
고 있다.(까마귀 소리 또는 새가 날아가는 모습 삽입)
어두운 방 한구석(또는 마루)에 죽부인을 끌어안고
고개 숙이고 있는 어린 홍성숙.

타이틀 : 죽부인

2. EXT. 마을 길-오전

차 한대가 한적한 시골마을에 들어서고 있다.

초행길인 듯 두리번거리며 운전을 하면서 통화를 하고

있는 소대길(네비에서는 "경로를 이탈했습니다."라는 안

내멘트가 나오고 있다. - 네비 C.U)(대화 중간에 조수석

에 짐가방 등을 스캔)

소대길   (연신 두리번거리며) 너네 집 놀러 온지가 한 50년 됐나?

덕 배   (한탄하듯) 여전히 오지(생촌)에요.

소대길   (웃으며) 하여간 집 빌려줘서 고마워

덕 배   (웃으며) 어차피 빈집인데요 뭐. 소설 잘 쓰시고 인세 나
        오면 한턱 쏘세요~

소대길   (미소 지으며) 그래, 덕배야. 내가!!!(갑자기 급브레이크
        를 밟는 바람에 대화 중단)

무언가 탁 부딪히고 갑자기 급브레이크를 밟는 소대길.

차에서 급히 내려 차 앞쪽으로 다가가 앉아서 차를 살

펴보는데 차 앞쪽에 피가 묻어 있고, 그 옆에 고양이

꼬리가 보인다.

난감하고 기분 나쁜 듯 일어서며 마을 쪽을 바라보
는 소대길.

3. EXT. 마을 입구길-오후
소대길의 차가 먼 곳에서 오고 있고 (엉거주춤 걸어가는
홍성숙 화면에 in)
소대길의 차 반대방향으로 고개를 숙이고 길을 걷고 있
는 홍성숙(헝클어진 머리 등 어딘가를 헤매다 온 듯한
분위기. 신발을 한쪽만 신었다든가...)
걸어가는 홍성숙 옆에 소대길의 차가 멈추고

소대길   (차 유리창을 내리고) 길 좀 물읍시다.

홍성숙이 여전히 고개를 숙이고 가던 걸음을 주춤한다.

소대길   (주소가 적힌 종이를 내밀며) 대나무집 근처에 라던데요?

'대나무집 근처'라는 말에 흠칫 놀라는 홍성숙(희번덕거
리는 홍성숙의 눈 C.U)
종이는 쳐다보지도 않고, 아무런 대꾸도 없이 가버리는
홍성숙.
이때 오토바이 한 대가 멈추고(사이드 미러에 오토바이
와 가는 홍성숙의 모습이 보이고)

문이장   (걸어가는 홍성숙을 쳐다보고) 쯔쯧... 정신이 또....
(소대길의 손에 든 종이를 보며) 저 사람 까막눈이에요.
(소대길을 보며 모자를 살짝 올린다) 지가 이장인디,

점프컷

이야기 하는 문이장과 듣고 있는 소대길의 모습.
간혹 문이장이 집을 설명하는 듯 어딘가를 가리킨다.
L.S

4. EXT. 마을 여러 곳-낮

한가로이 마을을 산책하는 소대길. 간혹 지나가는 마을
사람들과 인사를 나눈다.
앞에서는 인사를 해도 뒤돌아가는 소대길을 보며 수
군거리는 마을사람들.

5. EXT. 홍성숙의 밭-낮

밭에 앉아 흙을 만지며, 흙냄새도 맡으며 좋아하는 소대
길.
이때 빈 바구니를 들고 밭 옆을 지나다가 소대길의 뒷모

습을 발견한 홍성숙

(S#2와 다르게 말쑥한 홍성숙의 모습)

홍성숙　(낮고 작은 목소리로) 남에 밭에서 뭐하세요!(또는 "누구
　　　　요")

소대길이 홍성숙의 목소리를 듣고 뒤를 돌아보고 일어선다.
홍성숙과 소대길의 눈이 마주치고 홍성숙은 소대길의
눈을 피해 부끄러운 듯 고개를 숙인다.

소대길　(흙 묻은 손을 떨며 생각하는 듯 눈을 좁히며) 어디
　　　　서.....뵌..것... (생각난 듯)아.. 저번에 길에서... (환하
　　　　게 웃으며) 밭 주인이신가 보네요.

소대길의 말에 호감을 보이는 듯 엷은 미소를 짓는 홍성숙

소대길   (웃으며) 제가 밥 좀 빌리면 안될까요?
홍성숙   (부끄러운 듯 모기만한 목소리로) 그럴 생각 없어요.

홍성숙은 자리를 피하듯 걸어가다 뒤를 살짝 돌아보고
여전히 바라보며 아쉬운 듯 서있는
소대길을 보더니 더 부끄러워하며 고개를 숙이고 발걸
음을 빨리 한다.

6. INT. 우체국-낮
홍성숙은 난감한 표정으로 서류를 거꾸로 보며 만지작
거리고 있다.
직원1은 머뭇거리고 있는 홍성숙을 한심하다는 듯 쳐다
보다가(혼자말로 '날새겠네") 전화가 울리고 전화를 받
는다.
홍성숙은 볼펜을 쥐고만 있다.
전화통화를 하며 히히덕거리는 직원.
이때 우체국에 들어서는 소대길, 작은 상자를 들고 직원
2에게 다가가다가 옆에 있는 홍성숙을 잠시 본다.

(소대길의 시선: 홍성숙의 얼굴 → 볼펜을 쥐고 떨고 있는 손) 말을 걸려다 말고 이내 다른 직원2에게 고개를 돌리고 이야기한다.

홍성숙   (고개를 숙이고 작은 목소리로) 제가 눈이 잘...
직 원1   (무시하는 투로 서류의 서명란에 연필로 동그라미를 그리며) 그럼 여기에 홍자만 쓰세요.

직원은 다시 전화통화를 한다.(사적인 내용: 내가 그럴 줄 알았다. 갸는 왜캐 무식허냐 등)
홍성숙은 직원이 내민 동그라미를 보며 볼펜으로 똑같이 그리려 애쓰며 삐뚤빼뚤 동그라미를 그리고는 전화통화를 하고 있는 직원에게 내민다.

직원1   (여전히 전화를 하며 서류를 집어들고 본다) 어..그
        래... 담에 보자

        직원1이 전화를 끊고 홍성숙을 한번 쳐다보고

직원1   (신경질적으로) 아니...

        그 다음 말을 하려는 순간 소대길이 옆으로 다가와 직원
        1에게

소대길   (웃으며) 제가 대신 써드려도 될까요?
직 원1   (소대길을 바라보며) 꼭 본인이 해야 하는 서명인데요.

        소대길이 고개를 숙인 홍성숙에게 다가와

소대길   (미소 띤 얼굴로) 할 수 없네요. 제가 손 좀 잡아도 될까요?

        볼펜을 쥐고 있는 홍성숙 손을 잡는다. 홍성숙 손을 빼
        다가 못 이긴 척하고 소대길이 이끄는 대로 한다.
        소대길이 홍성숙 손을 잡고 서명란에 홍성숙이라는 이
        름을 쓴다.

7. EXT. 홍성숙의 밭-아침

밭에 싱그러운 오이와 상추, 고추가 옹기종기 심어져 있
고. 쪼그리고 앉아 밭에서 일하고 있는 소대길.

이때 누군가 밭을 향해 걸어오고 소대길 뒤에 멈춰서 소
대길의 목쪽으로 손을 가져간다.

(목을 조르려는 듯한 모습) 뭔가 섬뜩한 느낌을 받은 소
대길 일하던 손을 멈추고 뒤를 돌아본다.

소대길의 목에 있던 손이 재빠르게 사라진다.

소대길의 눈앞에는 홍성숙이 공책을 들고, 부끄러워하
며 고개를 숙이고 웃고 서있다.(머리에는 꽃핀과 꽃치마
를 입고 있다.).

7-1. EXT. 홍성숙의 밭 근처 나무그늘-아침

소대길은 공책을 넘기며 웃고 있다. 공책에는 삐뚤빼뚤 쓴 글씨가 적혀 있다.

(공책에 적힌 글씨 : 홍성숙, 감자, 오이, 고추, 호미, 사랑 ...)

홍성숙은 소대길의 뒤에서 소대길의 목뒤에 묻어 있는 것(흙이나 나뭇잎)을 자꾸 쳐다보며 손을 가져가다가 말고 망설이다 결심한 듯 살짝 떼어 준다.

소대길   (미소 지으며 시선을 공책에 두고) 열심히 하셨네요.

홍성숙은 여전히 고개를 숙이고 있고 칭찬에 미소를 짓는다.

소대길은 공책을 넘기다 맨 뒷장이 찢어져 있는 것을 발견하고 고개를 한번 갸웃거리다가 공책을 홍성숙에게 넘기며

소대길 (웃으며) 또 숙제 내드릴게요

(장난스런 목소리로) 우리반 1등 모범생님~~

8. EXT. 홍성숙의 집-낮

마루에 밥상을 내놓고 연필심에 침을 바르며 공책에 글
씨를 열심히 쓰고 있는 홍성숙.
대나무 숲에 바람이 일며 대나무가 이리 저리 흔들린다.
갑자기 노트에 연필을 마구 꾹꾹 찍어댄다.
손을 부들부들 떨며 연필에 힘을 주는 홍성숙.
연필심이 뚝 부러진다.

9. EXT. 홍성숙 집으로 가는 길-낮
먹을 것(참외)를 들고 홍성숙집으로 걸어가는 소대길
장화를 신고 모자를 쓴 문이장이 낫을 들고 잡초를 베고
있다가 지나가는 소대길에게 인사를 한다.

문이장 (모자를 살짝 들어 올리고 웃으며) 안녕하세요? 소

설은 잘 쓰고 계시죠?

소대길　(걸음을 멈추고 웃으며) 아, 네, 덕분에, 근데 저를 성교
　　　　감으로 알고 있던데... 이장님이 그러셨다면서요.

문이장　(뒷머리를 긁적이며 난처한 듯 웃으며) 아..네...

소대길　(웃으며) 저는 소대길입니다. 사람들이 왜 수근대나 했
　　　　네요.

문이장　(배시시 웃으며) 성교감....

　　　　소대길과 문이장은 서로 마주보며 웃는다.
　　　　웃다가 머쓱해진 문이장.

문이장　(고개를 숙이고 인사하며) 그러면, 살펴가세요

　　　　소대길도 문이장과 같이 고개를 숙여 인사하고 두걸음
　　　　지나가다가 문이장을 향해 돌아보며 말한다.

소대길　(갑자기 생각 난 듯) 이장님. 이 마을에서 계속 사셨나요?

　　　　문이장이 소대길에 말에 뒤돌아서 소대길을 쳐다본다.

문이장　(의아한 표정으로) 네. 쭉 여기서 살았는디요. 왜요?

소대길   (기억을 더듬는 듯) 내가 어릴 적에 여기 놀러 온 적이
        있어서요.

문이장   (약간 놀라며) 아, 그러셨어요?

10. EXT. 홍성숙의 집-낮

마루에 공부하던 밥상이 덩그러니 놓여 있고 홍성숙이
넋이 나간 듯 우두커니 앉아 있다.

이때 대문으로 먹을 것(참외)이 든 봉지를 들고 들어오
는 소대길

소대길   (웃으며) 안녕하세요~~ 가정방문 나왔습니다~~

홍성숙이 정신이 돌아 온 듯 일어서며 배시시 웃는다.

점프컷

소대길이 마루에 앉아 공책을 넘기고 있고 홍성숙은
주방에서 음료수와 간식을 준비하고 있다.

홍성숙　(주방 쪽에서 마루를 향해) 요즘 너무 덥죠?
소대길　(밥상 밑에 버려진 종이를 발견하고 집어 들며) 더워서
　　　　잠을 설쳐요~

　　　　뭉쳐진 종이를 펴보는 소대길
　　　　(종이 C.U : 홍성숙의 필체로 보이는 '주기고 시따'
　　　　라는 글씨와 누군가를 죽이는 듯한 그림(초등학생 저
　　　　학년 수준의 그림: 모자쓴 사람 가슴에 칼이 꽂힌 그
　　　　림)이 그려져 있다.(문이장이라는 암시를 주는 그림
　　　　이어야 함. 문이장 모자에 쓰여져 있는 글씨가 그림
　　　　에 적혀있다.)

　　　　홍성숙이 있는 주방쪽을 힐끔 쳐다보고, 의아한 표정의
　　　　소대길.
　　　　(S#10 동네주민1의 목소리 앞부분 삽입 "갸네 엄마가
　　　　목매달아 죽었는디")

11. EXT. 마을 정자나 마을 회관 → 홍성숙의 밭-낮

동네주민1   갸네 엄마가 목메달아 죽었는디(S#9에 목소리
만 삽입) 거기가 바로 선상님 농사짓는 그 밭이랑게요.
아 왜 그 밭 옆에 나무 있잖아요.(동네주민1의 모습 잠시
보여주고, 홍성숙의 밭에 있는 그 나무에 등 떠있는 고무
신을 신고 치마를 입은 여자 다리모습 삽입)

동네주민1이 빈 사발을 탁 내려놓는다.(C.U 다른 이
야기가 시작되는 환기부분)
소대길과 동네주민1과 2가 막걸리와 안주를 놓고 술을
마시고 있다.(F.S)

동네주민2   (깍두기를 가져다 씹으며) 긍게 문이장하고 원
　　　　수지간이 된겨.

동네주민1   (사발에 다시 막걸리를 따르며) 너는 앞뒤
　　　　를 안주삼아 다 잘라 먹냐. (침을 삼키고) 성숙이네
　　　　아빠가 일찍 죽고, 갸하고 갸 엄마하고 의지험서 살
　　　　았는디..... 성숙이가 댓살이나 먹었나... 성숙이엄마
　　　　하고 읍내 광태 아버지하고 붙어 먹었다고 온 동네..
　　　　소문이 쫙 깔리고... 광태네 엄마가 와서 성숙이 엄마
　　　　머리끄덩이를 잡고 이리 돌리고 저리 돌리고 난리도
　　　　아녔어.(싸우는 영상 삽입) 그러고는 좀 있다가 그
　　　　리 됐지. (턱을 문지르며) 성숙이가 충격을 받고 저
　　　　지경이 된겨.

동네주민2　　　(소대길을 바라보며) 자꾸 물어보니께 알려
　　　　　는 드리는디..이게 소설이 되까요? (소대길을 눈치를
　　　　　보며) 막걸리도 괜찮은디, 우째 오늘은 맥주가 땡기
　　　　　네에~~~

소대길　(동네2의 말은 듣지 않은 듯 동네1을 바라보며 심각
　　　　한 표정으로) 근데... 문이장하고는 무슨?

동네주민1과 2가 서로 얼굴을 쳐다본다.

점프컷

소대길이 홍성숙 밭에 있는 나무를 우두커니 쳐다보고

있다. 바람에 나뭇잎이 흔들린다.

12. EXT. 홍성숙네 집(배경음악: 섬집아기)−초저녁(어둠이 깔리기 시작할때쯤)

방에 앉아 신문지를 깔고 발톱을 깎고 있는 홍성숙. 노래를 흥얼거리고 있다.

발톱을 깎아 주던 엄마의 모습을 추억하며(프롤로그의 발톱을 깎는 엄마의 손등을 만지던 모습 삽입) 자신의 발을 만진다.

소대길이 홍성숙의 손을 감싸며 이름을 쓰던 모습을 생각하며 (S#5 그 부분 삽입) 배시시 웃는다. (여기까지는 느슨하고 평화로운 느낌의 연출)

이 때 홍성숙 집 뒤에 있는 대나무 숲이 운다.

바람에 대나무 숲이 흔들린다.

갑자기 얼굴표정과 눈빛이 무섭게 변하는 홍성숙이 일어난다.

대나무 숲이 더 심하게 흔들린다.

맨발로 마당으로 나온 홍성숙이 홀린 듯이 대나무숲쪽으로 걸어간다.

13. INT. 홍성숙의 집 안방-밤

죽부인을 안고 어두운 방안 한쪽 구석에 앉아 있는
홍성숙(프롤로그에 있는 죽부인을 안고 있던 어린
홍성숙의 모습과 교차 편집)

점프컷

바늘에 빨간 실을 꿰는 홍성숙(C.U)
하얀 옥양목 천에 빨간 실이 든 바늘을 꽂는다.(손 C.U)

14. INT. 소대길의 집 안방-밤

송곳으로 용지에 구멍을 내다가 송곳에 찔린 소대길
(S#12 바늘을 천에 넣는 부분과 연결)
소대길 아얏하고 외마디 소리를 지르고 손에서 피 한방
울이 하얀 용지 위로 떨어져 번진다.(S#12 하얀 옥양목
천에 빨간 꽃이 하나 수놓아져 있다)

15. EXT. 소대길의 집-낮

마루에서 홍성숙이 소대길에게 포장지로 포장 된 죽부
인을 쑥스러워하며 건네고 있다.

이때 문이장이 소대길의 집 대문으로 들어서며 이 장면
을 목격하고 흠칫 놀라지만 마루 쪽으로 걸어오며 말을
하는 문이장

문이장 (헛기침을 하고 일부러 큰목소리로) 중복인디 복달음하
　　　　셔야죠!~ 마을회관으로 가시게요~

　　　　소대길과 홍성숙이 모두 문이장을 바라보고

소대길 (문이장을 보며) 아~~ 네~~ 안녕하세요

　　　　홍성숙은 서둘러 소대길에게 인사하고 마당으로 내려온다.
　　　　문이장 옆을 지나간 홍성숙, 소대길에게 밝게 인사하던
　　　　표정이 싸늘한 무표정으로 변해 있다.
　　　　문이장은 나가는 홍성숙을 슬쩍 바라보다 소대길에게
　　　　시선을 두고 마루에 앉으며

문이장 (포장된 죽부인을 보고) 선물도 주고 받고 (실실 웃으며
　　　　농담조로 소대길에 눈치를 살피며 혼잣말로) 요즘 소문
　　　　이 헛소문은 아닌가베
소대길 (웃으며) 그 헛소문의 범인이 여기 계신 것 같은데...
문이장 (죽부인을 바라보며 궁금한 듯) 요것은~ 뭐다요~

소대길이 포장지를 뜯자 죽부인이 나온다.
(문이장의 표정 변화: 장난스런 호기심의 웃음→의아함
→ 눈이 커지고 놀람)

소대길   (죽부인을 이리저리 돌려보며) 아... 죽부인이네.. 덥다고
         했더니 (수놓아진 부분을 보며 난처한 듯) 허허, 수까지.

문이장은 두려움에 떨며 정신없이 소대길의 집을 나선다.
집을 나가는 문이장의 모습을 소대길은 의아하게 쳐다본다.

16. INT. 소대길의 방안(꿈: 어둡고 푸른 배경. 음산한 분위
기)−현실은 새벽

열어 놓은 방안으로 고양이가 들어오고 소대길이 등을
돌리고 잠을 자고 있다.

이불속에서 머리를 내미는 홍성숙(귀신같이 산발, 원한
의 얼굴)

이때 이불 아래쪽에서 발버둥 치는 소리가 들린다.

소대길이 뒤척이다 홍성숙 쪽으로 몸을 돌린다.

이불 아래에 장화를 신은 문이장의 다리가 밖으로 나와
있고 2~3번 발버둥 치다가 멈춘다.

소대길이 이상한 기운에 눈을 뜨고 바로 앞에 누워 있는
괴기한 홍성숙의 얼굴을 보고 깜짝 놀라서 상체를 확 일
으킨다.

잠에서 깬 소대길은 두려운 표정으로 이불 속을 슬
그머니 들춰본다. 아무것도 없음을 알고 안도의 한숨
을 쉬다가 꿈속 홍성숙이 있던 자리에 있는 죽부인

을 이제야 본 듯 화들짝 놀라며 발로 슬슬 밀어낸다.
식은땀을 닦으며 방 밖으로 나가는 소대길

17. EXT. 소대길 마루→소대길 기억 회상(마을정자)−이른
새벽
방안에서 나와 넋이 나간 듯 마루에 앉아 있는 소대
길(S#10 내용을 생각하고 있는 소대길)

S#10의 동네주민과 나눈 대화의 뒷부분이 이어진다.(현
실의 소대길의 모습과 교차편집)

동네주민1   (진지한 말투로) 그 소문을 낸 사램이... 바로
영식이네 엄마였던거여.

소대길 (생각하는 듯한 표정으로) 영식이라면... (동네주민1을
　　　　바라보며) 문이장요?

동네주민1 (고개를 끄덕이며) 광태네 엄마헌티 고자질한
　　　　것도 영식이 엄마였고. (맥주를 시원하게 들이키고 입맛
　　　　을 다시고는) 근디 다 오해였어. 알고 본게 광태 아부지
　　　　가 산에서 다리 다친 성숙이 엄마를 도와줬다는 거여.

동네주민2 (맥주를 동네주민2 컵에 따르며) 이상한 건
　　　　말여....

동네주민1 (끼어들어 목소리를 낮추며) 영식이 옴마가 어
　　　　느 날 새벽에 논두렁에 엎어져 죽어 있는 겨. (논두렁에
　　　　죽어 있는 영식이 엄마 영상 삽입) 의사는 뭐 심장마비
　　　　같다고 했다는디...

동네주민2 (오징어 다리를 뜯으며 생각에 잠긴 듯) 뭐 땀
　　　　시 그 새벽에 나가쓰까? (동네사람1을 쳐다보며) 구신에
　　　　홀렸스까?

　　　　이때 뭔가 툭 떨어지는 소리가 나고 고양이 울음소리가
　　　　들린다.
　　　　세 사람은 깜짝 놀라며 주위를 두리번거린다.
　　　　동네주민1이 목소리를 낮추며 어깨를 움추린다.

동네주민1   (두려움에 찬 목소리로) 더 무서운 것은... (눈
         을 희번덕 거리며) 죽은 영식이 엄니 옆에 죽부인이...
         그 죽부인이 뒹굴고 있더래니께...(영식이 엄마 옆에 죽
         부인이 있는 영상 삽입) (의아하다는 투로)그게 왜 거기
         있었을까...(목소리가 점점 작아진다.)

18. EXT. 소대길 폐가 안(꿈) (음산한 분위기와 푸른 색감과
하얀 연기)
피가 떨어져 있는 곳을 따라 가는 사람의 시선에서 보이
는 길(POV)
폐가 안 우비를 입은 사람의 발이 보인다.
바닥에는 문이장의 장화 신은 다리가 경련을 일으키다
멈춘다.(S#15 의 이불속 에 있던 우이장의 다리와 같은

모습) 우비를 입은 사람의 손에 들린 낫에서 피가 뚝뚝 떨어지고 있다.

우비를 입은 사람이 몸을 돌린다. (다리에서 목언저리까지 Tilt-up)

눈언저리가 움찔 움찔하는 소대길의 피 묻은 얼굴이 화면 가득 확 다가온다.

놀라서 몸을 확 일으키며 잠자리에서 깨는 소대길.

식은땀을 흘리며 숨을 거칠게 내쉬는 소대길.

방구석에 푸른 연기를 내 뿜고 있는 죽부인.

19. EXT. 소대길의 집 → 길 → 홍성숙의 집-새벽

방문을 열고 방에서 나오는 소대길의 발에 피가 묻어 있다.(S#17 발과 동일)

죽부인을 들고 정신없이 자빠지면서 걸어가는 소대길. 넋이 나간 표정이다.

(과거 회상 부분 삽입: 산에서 노는 어린 대길이와 어린 영식이. 앞서 가던 소대길이 부스럭거리는 소리와 이야기하는 소리에(광태아빠: 어때요. 성숙이엄마: (아픈 듯 소리를 내며) 아..... 좀... 괜찮아요, 목소리만 삽입) 어린 소대길이 소리나는 쪽으로 살금살금 다가간다.

문영식   (뒤 따라오다 툴툴거리며) 대길이 형~~ 나 집에 갈래~~

뭔가를 훔쳐보던 소대길이 검지손가락을 입에 대며 영
식이에게 조용히 하라는 신호를 하고 다른 한손으로는
이리 오라고 손짓한다.
영식이 그냥 가려하자

소대길   (이리 오라고 손짓을 보내며 작은 목소리로) 영식아

영식이 마지 못해 소대길 쪽으로 다가온다.

소대길이 가리키는 곳을 같이 훔쳐보는 영식이.
소리 죽여 낄낄거리는 소대길과 문영식(J)

홍성숙이네 대문 앞에 선 소대길. 두려움에 찬 표정이다. 눈치를 살피며 마루로 다가가 죽부인을 내려놓고 허둥지둥 집을 빠져 나온다.

20. EXT. 홍성숙의 밭-아침

소대길 자신의 집으로 정신없이 가는 길에 홍성숙 밭을 지나다 깜짝 놀라 걸음을 멈춘다.

그동안 심어져 있던 채소가 모두 짓뭉개져 있다.

두려움에 두리번거리다 위를 쳐다보고 화들짝 뒤로 자빠진다. 나무에 매달려 있는 하얀 소복을 입은 홍성숙의 모습을 보고 뒷걸음을 친다.

홍성숙의 감은 눈이 번쩍 떠진다.

놀라 도망치는 성대길. 도망치다 다시 돌아보니 홍성
숙 집에 놓고 온 죽부인이 나무에 대롱대롱 걸려 있
다. 홍성숙의 모습과 죽부인의 모습이 번갈아 가며
보인다. 놀라 도망치는 소대길.
죽부인이 바람에 흔들린다.(푸르고 하얀 연기)

21. INT. 소대길 집 안방-아침
소대길이 허둥대며 정신없이 옷가지와 책 등 물건들을
짐 가방에 마구 쑤셔 넣고 있다.

22. (에필로그)EXT. 어느 가게 앞-어두워 질 무렵
소대길의 자동차가 어느 가게 앞에 선다. 경찰차가 빠른
속도로 편의점 앞을 지나간다.
소대길이 퀭한 모습으로 차에서 나와 가게 안으로 들어
간다.
차속 스캔(배경음악 -섬집아기)
뒤 자석에 소대길의 짐가방(S#1과 같은)과 문이장의 모
자와 낫이 보인다.
차안으로 들어오는 소대길.
시동을 걸려는데 룸미러에 홍성숙의 희번덕거리는 눈이

나타나 화들짝 놀라 고개를 돌려보니
뒤 좌석에 아무것도 보이지 않고 다시 룸미러를 보니 아
무도 없다.
정신을 차리려는 듯 서둘러 떠나는 소대길.

점프컷 - 달리는 차 안 (어느 정도 시간 경과)

소대길은 정신이 나간 듯 초점 잃은 눈을 하고 뭔가에
홀려 있는 얼굴을 하고 있다.
뒷좌석에 문이장의 모자와 낫, (아까는 보이지 않던)
죽부인이 흔들거린다.(푸른 연기)
달려가는 차에서 푸른 연기가 스멀스멀 나온다.

페이드 아웃

<죽부인> STAFF
프로듀서 이차섭, 각본·연출 한미연, 조감독 권영대, 촬영 박미숙, 스크립터 김혜옥·황경애, 슬레이트 최기만, 사운드 이차섭·정덕훈, 붐오퍼레이터 김정오·임진섭, 소품 한미연·정도영, 분장 김보연·황경애, 지도강사 이은상·이제경

<죽부인> CAST
소대길(정도영), 홍성숙(김보연), 문영식(김정흠), 주민1(권영대), 주민2(이차섭), 우체국직원1(김혜옥), 우체국직원2(최기만), 홍성숙 엄마(김윤영), 어린 성숙(이사야), 어린 대길(권민제), 어린 영식(김도준), 시체대역(김보연), 광태 엄마(황경애), 엄마 대역(정덕훈), 덕배 목소리(정덕훈), 광태 아빠 목소리(김정흠), 성숙 엄마 목소리(한미연), 동네사람1(이영희), 동네사람2(김옥순), 동네사람3(이재호)

영화9 - 마지막 용돈

1. (프롤로그)INT-노주의 집-오후 2시

하얀 머리핀을 꽂고 우두커니 있는 노주(머리핀 어두운 방안의 노주)

어두운 방안 책상 의자에 앉아 있는 노주에게 고모가 상자 하나를 책상 위에 내려놓는다.

고모목소리   (쌀쌀맞게) 아빠 회사에서 유품 상자 가지고 왔다.

고모가 나가고 한동안 유품 상자를 물끄러미 바라보다 힘겹게 상자를 끌어 당긴다.

조심스레 상자를 열고 뒤적이다 하얀 봉투 하나를
꺼내든다.
겉봉투엔 "생일 축하해"라는 글이 쓰여 있다.
봉투에서 편지를 꺼내는데 만원짜리 지폐 한 장이
책상에 툭 떨어진다.
편지를 읽던 노주는 아빠를 그리워하며 소리 없이 흐느
낀다.
만원짜리 지폐를 집어 들고 세종대왕이 그려진 앞면
홀로그램 자리에 '아빠의 마지막 용돈'이라고 쓰는
노주.

F.O(페이드 아웃)

타이틀 : 마지막 용돈

2. INT→EXT. 커피숍 안과 밖-오후
계산대에 기대어 돈을 쓸쓸한 눈빛으로 쳐다보고 있는 노주가 커피숍 창 너머로 보인다.

점장목소리 (짜증스런 목소리로) 노주씨, 노주씨? 저거 언
　　　　제까지 둘거야? 어? 냄새나는 거 안보여?
노주목소리 (돈을 급히 가운 호주머니에 넣고 일하는 척하며)
　　　　네, 얼른 치울게요, 점장님.
점장목소리 (혀를 차며) 에이구~ 굼떠가지고~ 쯧쯧~

점장의 잔소리에 양손 가득 쓰레기를 들고 나와 구석진 쓰레기장에 툭 던지며 주저앉은 노주는 한숨을 쉰다.
가운 호주머니에서 만원짜리 지폐를 꺼내 한동안 바라보던 노주는 돌아가신 아빠 생각에 눈시울을 적신다.
이때 요란하게 울리는 핸드폰 멜로디 소리.

돈을 호주머니에 급히 집어넣고 힘없이 일어나며 전화를 받는다.

노주   (작은 소리로) 여보세요, 고모 왜요?

고모목소리 (야단치는 투로) 야~ 지환이 밥 좀 차려주지. 너 뭐허는 애냐?

노주   (억울해하며) 밥 먹으라고 아무리 불러도, 게임만 하고 안 나오는 걸 어떻게 해.

고모목소리 됐고! 큰방 화장대 위에 차 키 있으니깐 지금 차 좀 빼라~

노주   (볼멘 목소리로) 고모, 나 지금 알바중이라고?.

고모목소리 (다그치며) 지금 집 근처에 너밖에 없잖아? 이만큼 키워줬으면 밥값은 해야지? 그것도 못하냐?

노주   아니 그게 아니라 ~

고모는 자기 말만 하고 전화를 끊어 버리고, 노주는 어이없어 하면서 한숨을 내쉰다.

3. EXT. 아파트 주차장-오전

Insert cut (아파트 전경)

아파트 계단을 내려온 노주가 무표정한 얼굴로 사과 한
마디 없이 차에 올라 타려하자 세진이 어이없어 한다.

세진   (따지듯이) 저기요~ 주차를 이렇게 하면 어떻게 해요?
노주   (바쁜 듯 건성으로) 미안해요!

노주가 차가운 눈빛으로 세진을 향해 눈을 흘기며
급하게 차에 올라탄다.
멀어져가는 차를 어이없이 쳐다보는 세진

세진   (어이없어 하며) 뭐야 저 여자!

4. INT. 엘리베이터 안-아침
Insert cut (엘리베이터 버튼↑10)
헐렁한 츄리닝에 옆구리에 수험서를 끼고, 슬리퍼를 질
질 끌고 엘리베이터 앞으로 걸어가는 세진.
엘리베이터에 올라타다 역겨운 냄새에 멈칫하며 인상을
쓴다.

세진   에이~씨, 이게 뭔 냄새야~

엘리베이터 문이 닫히고 7층에서 멈춘다.
노주와 사촌동생 지환이 엘리베이터에 올라타고, 역겨운 냄새에 어린 지환이 얼굴을 찌푸린다.

지환 (코를 부여잡고 볼멘소리로) 에이~ 똥냄새~

지환이 코를 막고 세진을 째려본다.

세진 (어이없어 하며) 야~ 나 아냐?

무안해진 노주는 지환을 바라보며 눈을 흘기며 눈치를
준다.

지환   (노주에게서 세진쪽으로 고개를 돌리며) 똥냄새 나
       잖아

세진   (노주를 바라보며) 나 아니에요! (지환에게 꿀밤을
       먹이는 시늉을 하며) 쪼그만 놈이 사람 잡네?

노주   (깜짝 놀라 세진을 막아서며) 뭐예요? 아니면 아닌
       거지? 왜 애를 때릴려고 해요?

세진   (억울한 듯) 아니라니까요? 와~ 사람잡네?

       노주도 화가 나 핏대를 세우고 세진을 쏘아본다.
       화가 잔뜩 난 듯 두 사람을 밀치고 엘리베이터를 나서는
       세진.

5. EXT. 엘리베이터 밖-아침
세진은 아파트 화단 옆에서 담배에 불을 붙이고 있고,
노주는 그 모습을 힐끗 쳐다보며 얄밉다는 듯 눈을 흘기
고 지나간다.
나란히 걷던 지환이 노주의 가방을 잡아끌면서 당연
하다는 듯이 한 손을 내민다.

지환   (무례하게) 누나~ 나 돈 좀 줘~

노주   (화난 표정으로) 뭔 돈~ 야~ 엊그제도 줬잖아?

지환   (막무가내로 가방을 끌어당기며) 아~ 돈 좀 줘~ 나
       쓸데가 있단말야~

       버릇없이 용돈을 요구하는 지환에게 눈을 흘기며 못
       들은 체하는 노주.
       그때 전화벨이 울리고 노주는 가방에서 휴대폰을 꺼내
       든다.
       살며시 노주의 뒤로 돌아가 노주가 통화하는 사이
       가방에서 순식간에 지갑을 꺼내드는 지환.
       만원짜리 몇 장을 움켜쥐고 얼른 누나의 가방에 지갑을
       던지듯이 집어넣고 뛰어가면서 노주를 향해 소리친다.

지환   (만원짜리를 손에 들고 흔들며) 누나? 고마워~

노주   (인상을 쓰며) 야! 너 이리 안와? 죽을래?

       깜짝 놀라 가방을 뒤적이며 고함을 지르고 지환을
       뒤쫓아 가는 노주.
       발걸음을 옮기던 세진이 바닥에 떨어진 만원짜리를 발
       견하고 주위를 두리번거린다.

주위에 보는 사람이 없자 잽싸게 돈을 집어 호주머니에 넣고 아무 일 없는 듯 길을 간다.(돈 줍는 장면 추가)

6. EXT→INT. 김밥집 앞-아침
김밥명가 앞을 지나다 멈춰 가게를 쳐다보다 문을 열고 들어선 노주를 주인 아주머니가 힐끗 쳐다본다.

노주   아주머니 김밥 한 줄 주세요
김밥집 주인   (무심한 듯)김밥 한 줄? 그려

지갑에서 천원짜리 두 장을 꺼내던 노주는 당황해하며 얼굴이 굳어진다.

지갑을 이리저리 뒤적이고, 양 호주머니를 더듬던 노주가 자신이 소중히 간직하고 있던 만원짜리가 없어진 걸 알고 그 자리에 얼어붙은 듯 놀란다.

노주는 아버지의 분신과도 같은 물건을 잃어버린 걸 알아채고 오늘 자신의 동선을 되짚으며 지폐를 찾기 생각에 잠기다 뭔가 생각난 듯 다급하게 핸드폰을 꺼내든다.

노주   (다급하게) 지환이 너, 아까 가져간 돈 어쨌어?

노주   그 돈에 뭐라고 글씨 적혀 있는 거 있어, 없어?

노주   진짜, 똑바로 잘 봐 봐.

지환의 말이 끝나기도 전에 전화를 끊고 김밥집을 뛰쳐나가고, 김밥집 주인은 어이없어 하며 쳐다본다.

김밥집아주머니   학생~ 학생~ 아침부터 재수 없게~

(에필로그 돈 받는 손 장면 추가)

7. EXT. 엘리베이터 앞-아침
엘리베이터 앞으로 되돌아온 노주는 주위를 아무리 둘러봐도 돈을 찾지 못해 실망한다.

주위를 살펴보던 노주가 CCTV가 설치되어 있는 걸 확인하고 어디론가 급히 뛰어간다.

8. INT. 관리사무소-아침
CCTV 화면에 아파트 현관 입구에서 나오는 자신과 세진의 모습이 비춰지고, 지환이 도망가는 모습과 자신의 뒤를 따라오다 한참을 서 있다 무언가를 주워 호주머니에 넣는 세진의 모습을 확인하고 입술을 깨무는 노주.

노주   (조심스럽게) 저 혹시~ 저 사람 몇 호에 살아요?

       cut to

"띵동, 띵동 "

9. EXT. 세진 집앞-오후
세진의 집 앞에 선 노주는 거칠게 초인종을 누른다.
몇 번을 눌러도 대답이 없자 화가 난 노주는 현관문을
두드리며 소리쳐 부른다.

노주   안에 누구 없어요? 여보세요?

아무리 불러 봐도 대답이 없자 계단 바닥에 풀썩 주저앉
는 노주.

cut to

Insert cut(핸드폰 시계를 확인하는 노주)

날은 어두워지고 배에서는 꼬르륵 소리가 나며 허기가
느껴진다.
아래층에서 들리는 발자국 소리에 깜짝 놀란 노주는
실망을 하고 피곤한 표정을 짓는다.

잠시 후 엘리베이터가 도착하는 신호음이 울리자 계단 난간에 기대앉은 채로 고개를 돌려 쳐다보는 노주. 헐렁한 청바지에 책 두어 권을 옆구리에 끼고 나오던 세진은 어두운 계단에 앉아 있는 노주를 보고 깜짝 놀란다.

10. EXT. 아파트 공터-오후

세진   자요~

세진이 건네주는 돈을 보던 노주의 눈빛이 싸늘하다. 본인이 찾는 게 아님을 안 노주는 크게 화를 내며 세진을 몰아붙인다.

노주   (단호하게) 이 돈 말고요~ 아침에 주은 돈 내놔요?.

세진   (말을 더듬으며) 아침에 주은 건데?

노주   (언성을 높이며) 지금 장난해요? 아침에 주은 거 당장 가져와요, 이거 절도예요, 절도!

세진   (당황해하며) 뭐 절도? 절도라니? 만원짜리 한 장 주워서 돌려줬는데, 뭔 절도?

노주   남의 돈을 슬쩍하고 안주면 절도지. 내가 안 찾아왔으
면 안 줬을 거 아니에요? 그 돈 안주면 신고할 거예요.

    세진이 들고 있는 경찰 관련 책을 힐끗 쳐다보더니 더
열을 내는 노주.

노주   보아하니 경찰시험 준비하는 거 같은데, 당신 같은 사
람이 무슨 경찰을 해?

    세진은 머리를 신경질적으로 긁적인다.

11. INT. 편의점 안-저녁

노주와 함께 모퉁이를 돌아 편의점에 들어서던 세진이
알바생에게 손을 들어 아는 체를 한다.

알바생   어서오세요 오빠.
세진   (아쉬운 표정으로) 내가 어제 담배 사가면서....

세진과 노주는 기대에 찬 얼굴로 알바생을 쳐다본다.
창밖으로 모니터를 응시하는 세 사람이 보인다.

모니터엔 세진이 돈을 내고 담배 두 갑을 받아 들고
나가는 모습이 보이고, 한참 후 젊은 여자가 생수 5
병을 사고 거스름돈을 받아 나가는 모습이 보인다.
(돈 받는 손 추가)

세진   (턱으로 모니터 속 여자를 가리키며) 저 사람 알아?
알바생   응. 자주 오시긴 하지~,
세진   뭐하는 사람이야?
알바생   몰라~
세진   그럼, 저 사람 연락처 알아?
알바생   (어이없어 하며) 내가 연락처를 어떻게 알아?

세진   몰라? 그치? 알리가 있나... (노주를 쳐다보며) 모른
        다는데요?

세진   (노주가 노려보자, 다시 알바생을 바라보며) 알아야
        된다는데?

알바생 그럼 기다리든가~

세진   야~

세진의 장난스러운 행동에 기분이 상한 노주가 뭔가를
애기하려는 순간, 휴대폰이 울리고 입구 쪽으로 걸음을
옮기며 작은 목소리로 통화를 한다.

노주   여보세요?, 네, 점장님

점장목소리 (화난 목소리로) 노주씨, 내가 오늘 한 시간만 일
　　　찍 나와 달라고, 어제 애기했어? 안했어? 응?

노주　(기어들어가는 목소리로) 아~ 네. 죄송합니다. 바로
　　　갈게요.

노주　(돌아보며) 저 일이 있어서 가야 하니까 꼭 찾아놔요, 꼭!

　　　일찍 출근하는 걸 깜빡 잊어버린 노주는 정신없이 뛰어
　　　나간다.

12. INT. 커피숍 안-저녁
Insert cut 카페 네온사인

노주는 핸드폰을 한손에 들고 안절부절 못하며 카운터
를 서성인다.(F.S)
핸드폰을 열고 문자 내역을 확인해 보지만 문자 목록엔
세진에게서 온 전화나 문자가 없음을 알고 실망한다.
노주는 핸드폰을 들고 절도범이라고 입력되어 있는 세
진에게 전화를 한다.

세진　(전화기 목소리로 세진이 들뜬 목소리로) 김밥집인데

요. 지금 바쁘니까 이리로 오세요.

노주 (전화를 끊으며 의아한 듯 혼잣말로) 돈 찾으라고 했더
니 왜 바쁜데?

13. INT. 김밥집 안-저녁
Insert cut 돈받는 손 추가

녹초가 되어 힘없이 테이블에 팔을 괘고 앉아 있던 세진
이 현관문을 열고 들어서는 노주를 바라본다.

노주 (궁금한 듯) 어떻게 됐어요? 그 여자 만났다면서요.
세진 앉으세요. 우선 뭐라도 드시죠. (주방을 쳐다보며) 할
머니 여기 김밥 좀 주세요.

의아한 표정으로 무슨 말을 하려다 마지못해 자리에
앉는 노주.

쟁반을 들고 핸드폰을 어깨와 머리에 낀 채로 통화
를 하며 분주히 움직이는 세진(추가)

세진 (바쁜 듯이) 김밥집인데요, 지금 바쁘니까 이리로 오세요.

세진 (힘없는 표정으로) 미안해요. 못 찾을 것 같아요.

노주 아니 왜 못 찾아요? 그 여자 만나긴 한 거예요?.

세진 네, 만나긴 했는데....

노주 (답답한 듯 세진의 말을 끊고) 만나긴 했는데, 돈은 못 찾았다? 그래서 떡볶이나 먹으러 왔다?

세진 아니 그게 아니라....

노주 경찰한다는 사람이 그거 하나 못 찾아요? 자기 돈 아니라고 말야~.

세진 (정색을 하며) 사람이 말을 하면 끝까지 좀 들어요! 내가 그쪽 때문에 오늘 하루를 어떻게 보냈는지 알아요? 내가 진짜~ 그깟 만원이 뭐라고....

노주 (째려보며) 그깟 만원이요?.

세진 네. 그깟 만원이요!

벌떡 일어난 노주가 세진을 한참동안 쏘아보다 돌아
서 나가려 하자 세진이 노주의 손을 붙잡는다

세진   아니, 제 말은 그게 아니라...
노주   (오열하며) 그 돈이 어떤 돈인지 알아요? 엄마없이 나
       를 혼자 키워준 우리 아빠가 마지막으로 주신 용돈이
       란 말이에요. 알겠어요? 그쪽한테는 하찮은 만원일지
       몰라도 나한테는 백만원, 천만원이예요!

       감정이 복받친 노주의 눈가에 눈물이 글썽이고. 이를
       본 김밥집 주인이 김밥을 내려놓으며 안타까운 눈빛
       으로 노주를 바라본다.

김밥집 주인 (세진과 노주를 번갈아 쳐다보며) 애고~ 뭔 사
       연이 있는지는 몰라도 이 총각한테 너무 다그치지
       말아~ 그 돈 찾느라고 나한테 그 아부를 다해가며,
       얼마나 애를 썼는데...

       주인아주머니의 말에 노주는 어색한 표정으로 자리에
       앉는다.

김밥집 주인 살다보면 돈이 좋은 것이긴 하지. 근데 진짜 중헌

건, 지금 내 옆에 있는 사람이여. (아련한 듯 허공을 바라보며) 그 사람이 옆에 있을 때는 그걸 잘 몰러~

노주 (주인아주머니의 말을 듣고 풀이 죽은 목소리로) 그 돈은 아빠의 마지막 유품 같은 거예요. 다른 사람들에겐 별것 아닐지 몰라도~

이해한다는 듯 인자한 표정으로 김밥집 주인은 노주를 바라본다.

14. INT. 노주의 커피숍 안-저녁
Insert cut 돈받는 신 추가
커피숍에서 노주와 남자손님이 언쟁하는 장면을 보고 있는 세진.

노주 (커피잔을 내려놓으며) 여기 아이스 아메리카노 한 잔 나왔습니다. 맛있게 드세요~

남자 (눈을 치켜뜨며) 어이~ 아가씨, 잠깐만. 따뜻한 커피 달랬는데?

노주 네? 시원한 아이스 아메리카노 시키셨잖아요?

남자 에이, 뭔소리야. 젊은 아가씨가 참 말 많네. 빨리 따

뜻한 걸로 한 잔 가져와. 짜증나게~

술에 취한 손님은 큰소리로 노주에게 삿대질을 하며 반
말로 다그친다.
억울한 표정으로 어이없어하고, 멀리서 안타깝게 쳐다
보던 세진이 두 사람에게로 다가간다.

세진   (공손한 어투로) 아저씨! 여기 아저씨만 계신 거 아
       니고 다른 손님도 많이 있으니 조용히 좀 해 주세요.
남자   넌 뭐야?
세진   (얼굴을 붉히며) 아까부터 반말하시는데 기분 나쁘
       니까 반말하지 마세요.
남자   뭐야? 니가 뭔데 나서~

세진   니가라니요? 내가 뒤에서 다 들었는데 "아·아 한잔"
그러셨잖아요?

어디서 그런 용기가 나왔는지 속사포처럼 쏘아대는
세진의 말에 그 남자는 위아래로 눈을 깜박일 뿐 말
을 잊지 못한다.

세진   (주위를 둘러보며) 와~ 이 아저씨가 끝까지 우기시
네~ 그럼 다른 손님들한테 물어봐요? 아·아면 어떻
고, 뜨·아면 어때서 그러시는지 몰라!

갑작스런 세진의 돌직구에 남자는 헛기침만 몇 번
하더니 말없이 카페를 나가버린다.
노주는 자신을 도와준 사람이 세진임을 알고 머뭇거
리다 카운터를 정리하는 척하고, 머쓱해진 세진은 살
며시 미소를 띠며 구석진 자리에 앉는다.

15. EXT. 한적한 골목길-저녁
알바를 마친 노주와 세진이 가로등 빛 가득한 한적한 산
책길을 걸어 내려오고 있다.

세진이 노주의 얼굴을 힐끔 쳐다보며 노주의 눈치를 살
피고, 세진의 시선을 느낀 노주는 살며시 웃는다.
초가을의 저녁이라 차가운 공기가 옷깃을 여미게 한다.

세진   (어색한 침묵이 흐르자 다시 노주를 쳐다보며) 그런
       손님 지금도 있어요? 요즘 세상이 어떤 세상인데 아
       직두 ~
노주   (부끄러워하며) 아깐 고마웠어요.
세진   (손사레를 치면서) 아니에요, 어젠 정말 죄송했어요.
       그렇게 소중한 건지도 모르고....
노주   아니에요. 저도 하루 종일 고생하신 것도 모르고, 막
       말을 했는데요 뭐....
세진   몇 일 전 주차장도 그렇고, 엘리베이터에서도 그렇
       고... 제 첫인상이 좀 그렇죠?
노주   (기억난다는 듯이) 아, 주차장요? 그 차 고모 차예
       요. 원래 개념이 없긴 해요, 우리 고모가. 얹혀사는
       신세니 심부름도 해야 하고. 그날 제가 좀 그랬어요,
       저도 미안해요.

한적한 골목길을 걷던 두 사람은 간간히 어깨를 부
딪치며 부끄러운 듯 무안해 한다.

괜히 밤하늘을 올려다보며 딴청을 피우는 세진과 살
포시 미소 짓는 노주.

세진   (접혀진 만원짜리 한 장을 주머니에서 꺼내며) 저,
       이거....

       노주에게 만원짜리 한 장을 건넨 세진이 무안한 듯 머리
       를 긁적인다.
       접힌 돈을 받아 두 손으로 펴보다 한동안 말없이 바
       라보고 있는 노주.

세진   (수줍은 듯) 제가 해줄 수 있는 게 이것밖에 없네요.
       정말 미안해요.

       말없이 돈을 쳐다보고 있던 노주가 의미심장한 미소
       를 지으며 세진을 바라본다.

노주   고마워요. 이건 절대 안 잃어버릴게요. (장난스런 얼
       굴로) 근데 이자는 없어요?

       노주가 환하게 웃으며 세진이 준 돈을 지갑에 넣으

려는 순간, 얼어붙은 듯 시선을 고정한다.
지갑 속에 그토록 찾던 만원짜리가 눈에 들어있다.

노주   (혼자말로) 이게 왜 여기 있지?

세진   (의아해하며) 왜 그래요?

노주   (당황해하며) 아니예요. (말을 더듬거리며) 제가 커
피 한 잔 사드릴까요?

가로등 불빛 가득한 길을 걸어 내려가는 노주와 세진.
가로등 불빛에 은행잎이 노랗게 물들어 있다.

16. (에필로그1)INT. 고모의 집(거실)-밤

'딩동, 딩동' 하는 초인종이 울린다.

지환   (인터폰을 누르며) 누구세요?
(치킨배달원)   치킨 왔는데요?

지환은 화장실에 들어간 노주를 슬쩍 쳐다본 뒤 당연하다는 듯이 노주의 지갑에서 오만원을 꺼내 치킨값을 지불하고 잔돈을 받아 얼른 집어넣는다.
화장실 문을 열고 나오는 노주.

노주   야, 밤에 무슨 통닭이야, 밥은 안 먹고 맨날 그런 거나 먹고. 너땜에 나만 혼나잖아!
지환   (귀찮다는 듯이) 몰라. 뭔 상관~

닭다리 하나를 야무지게 뜯어 먹는 지환.

17. (에필로그2). 돈은 돌고 돈다
        - 아파트 단지 내에서 돈을 줍는 손(세진)
        - 편의점 담뱃갑 지불하는 손(세진)
        - 편의점 잔돈을 건네는 손(알바생)

- 김밥값을 지불하는 손(여자)

- 손자 용돈주는 손(할머니)

- 치킨 거스름돈 받는 손(지환)

- 지갑을 여는 손(노주)

(돈받는 신 추가)

페이드아웃

<마지막 용돈> STAFF
프로듀서 이차섭, 각본·연출 권영대, 조감독 김연수,
촬영 박미숙, 슬레이트 한미연·김보연, 스크립터 김혜
옥·김보연, 사운드 이차섭·김연수, 붐오퍼레이터 김
정오·김연수·권오현, 소품·분장 김보연·권영대, 메
이킹 정도영·황경애, 조명 김연수, 지도강사 이은상·
이제경

<마지막 용돈> CAST
노주(고은하늘), 세진(서원일), 어린 노주(중1,여)(장아
현), 지환(중1,남)(최대영), 카페남자(정도영), 노주 고모
(박미숙), 카페 점장 목소리(한미연), 김밥집 아줌마(김미
숙), 식당 아줌마(김보연), 관리사무소 직원(김연수), 편
의점 직원(권지은), 치킨 배달원(권오현)

권영대

◈ 임cine를 시작하게 된 동기는 무엇인가?

아침에 좌선하는 아내 모습을 보면서 막연히 수행자로서
의 하루 일과를 영상으로 찍어보고 싶다는 생각을 했었는데,
우연치 않게 임cine 모집 메일을 보고 참여하게 되었다.

◈ 임cine 활동을 하면서 가장 보람 있었던 일은 무엇인가?

6~7년 같이 활동하면서 뒤에서 소리 없이 내 할 일만 하
다가 내 이름 걸고 준비한 첫 번째 영화 '마지막 용돈'이 가장

기억에 남는다. 대여섯 번이나 시나리오를 수정하면서 싫다는 경계도 많이 왔지만 회원들과 준비된 두 배우 덕분에 무사히 촬영을 마침에 감사해.

◆ 지금까지의 활동을 되돌아볼 때 아쉬웠던 점이나 후회되는 점은 무엇인가?

코로나 펜데믹 상황에서도 어렵게 촬영을 했고 아들 딸 찬스를 써서, 좋은 배우들을 데려다가 촬영도 마쳤는데 영화관 개봉을 못한 게 가장 아쉽다. 아무래도 '마지막 용돈'을 마무리하는 시점이 영시미와의 이별 시점과 겹치고, 코로나 시국으로 인해 영화제가 취소되는 등 변수가 많았다.

◆ 앞으로 임cine의 발전 방향을 제언한다면?

벌써 6~7년이나 되었으니 감독, 시나리오작가, 촬영. 편집 등 각자 전문성을 길러 임cine 영화제 한번 해 봐야지? 돌아가면서 한편쯤 해보는 것도 좋지만, 숨은 실력자를 선발하고 배우도 좀 보강하고 동호인들과 함께 오래도록 작품활동 했으면 해

◆ 가장 기억에 남는 에피소드나 작품은 무엇인가?

첫 번째 작품인 <비온뒤>가 기억이 남는다. 아무것도 모른체 첫 시나리오 회의 때 원주민과 귀농귀촌인의 갈등을

영화화하자는 의견을 냈었다. 논에 농약을 안 치는 친환경 농법으로 마을 주민 간 갈등을 몇 번 전해 들은 터라 영화 소재로 추천했다. 영화 장면 가운데 빨랫줄에 빗물이 떨어지는 장면이 기억에 남는다.

◆ <나에게 임cine는 ○○이다>에 대한 답변과 그 이유는 무엇인가?

나에게 임cine는 버킷리스트이다. 언제부턴가 '내가 내 삶의 주인공으로 살고 있나?'라는 생각을 했다. 늘 수동적인 삶에서 벗어나고파 시작한 것이 10년 전 산악자전거, 판각, 목공, 여행, 요즘은 차박이다. 나에게 맞는 새로움을 찾기 위해 두리번거리는 게 좋다. 색다를 건 없지만 내 삶에 집중하는 혼자만의 시간이 참 좋다. 인생의 좌우명까진 아니지만 세 가지 꺼리를 준비하려고 늘 생각한다. 공부꺼리, 봉사꺼리, 오락꺼리……

◆ 가장 기억에 남는 감독·스텝·배우를 꼽는다면 누구인가?

감독하면 '음~ 나쁘지 않아요~', '킵 해놀게요~'. 누군지 알지? 늘 만능 맥가이버인 차서빈님, 다재다능하고 욕심 많은 미숙님, 열정과 카리스마 짱인 보연님, 영감이 넘쳐서 늘 부러운 연수님, 투정 많지만 내 마음의 주연인 이장님, 늘 바쁘지만 정이 넘치는 오드리 경애님, 함께 한 시간만큼 정든 친구들이 있지.

◆ 앞으로 만들어 보고 싶은 영화가 있다면 무엇인가?

매일 아침과 저녁 좌선하는 모습을 브이로그로 만들어 보고 싶다. 한적한 소나무 숲속에서 텐트 치고 아침 햇살 받으며 좌선 명상하고 아침밥을 해 먹고 산책하고 석양에 저무는 해를 보며 기도 정진하는 수행자의 삶을 앵글에 담고 싶다. 목가적인 전원생활을 위해 시골집 짓기도 해보고 싶고.

김보연

◆ 임cine를 시작하게 된 동기는 무엇인가?

2016년 당시 공무원 퇴직 후 나는 강의 현장에 몸담고 있으면서 새로운 교수기법과 팀빌딩 활동 방법에 갈증을 느끼고 있었다. 또 여러 해를 지속해왔으나 연초의 숱한 약속과 계획 그리고 다짐 등은 산산이 부서져 온데간데없이 남는 건 정말 사진밖에 없었던 강사 모임에 대한 회의감에 젖어 있었다. 마침 모집 공고가 있어 참여하게 되었고 실제로 '5컷 스토리보드 만들기'와 같은 교수 기법은 현장에서 활용하기도 했다. 하지만 시작은 정말 사심이었지만 영화를 보는 것에서 그치지 않고 참여한 이들이 직접 영화를 처음부터 끝까지 만들 수 있다는 점이 가장 크고 지속적인 참여 동기가 되었던 것 같다.

◈ 임cine 활동을 하기 전과 후의 변화된 점은 무엇인가?

이전에는 영화를 볼 때 영화가 끝나고 엔딩 크레딧이 올라가기 시작하면 다른 많은 이들이 그렇듯이 쿠키 영상이 있는 경우를 제외하고 바로 자리에서 일어났었다. 하지만 활동을 한 후, 정확하게 말하자면 영화 한 편을 처음부터 끝까지 만들고 나서는 가능하면 엔딩 크레딧 끝까지 자리를 지키고 앉아있으려고 노력한다. 영화 한 편이 만들어지기까지 얼마나 많은 이들의 노력과 정성과 열정이 필요한지를 몸소 경험하고 나니 그들의 이름을 빠르게라도 읽어주는 것이 그들에 대한 예의처럼 느껴졌기 때문이다.

◈ <나에게 임cine는 ○○이다>에 대한 답변과 그 이유는 무엇인가?

나에게 임cine는 영화 <테넷, TENET, 2020>에 등장하는 회전문이다. 영화라는 작업을 통해 나는 또 다른 시간과 공간에서 새로운 직업과 새로운 역할의 사람이 되는 놀라운 경험을 한다. 더불어 함께 결과물을 만들어가는 과정에서 인격적인 성장을 경험했다. 시나리오를 구상하고 만들어가는 초반에는 서로 지지고 볶으며 갈등을 겪기도 하지만 편집이 마무리된 영상을 마주하는 순간 모두가 그간의 갈등과 오해를 모조리 털어버리고 하나가 되는 경험을 했기 때문이다.

◈ 가장 기억에 남는 감독·스텝·배우를 꼽는다면 누구인가?

　가장 기억에 남는 감독은 한미연 감독이다. 내가 갖고 있지 못한 스토리 구성력과 연출력을 지닌 것 같아 부러울 때가 많았다. 내가 감독과 연출보다는 연기와 촬영에 더 관심을 갖는 이유를 깨닫게 해준 사람이다.

　권영대 감독의 경우 내가 연출한 <으랏차차! 병만씨>에서 병만 역할을 했었는데, 고등학생에게 맞는 장면에서 맞은 얼굴 분장을 너무 과하게 하지 말라고 자꾸 주문을 해서 감독으로서 약간 서운하기도 했다. '어짜피 연기인데 왜 저렇게 몸을 사리나?' 하는 생각을 했었다. 영상제 때 가족들 앞에서 그런 장면을 보이게 되니 '분장을 조금 약하게 한 것이 다행이었다' 싶은 생각도 들었다. 옆에 앉은 권감독의 가족들에게 '남편과 아버지를 너무 망가뜨려 미안합니다'라는 사과를 하기도 했다.

　마지막으로 기억에 남은 배우는 김혜옥 감독의 <족욕기>에서 주인공 순옥으로 열연해주신 김강옥 배우님이다. 어찌면 그렇게 우는 연기를 잘 하시는지…. 그분을 보면서 나에게도 그런 역할이 주어졌을 때 '과연 우는 연기까지 내가 할 수 있을까?' 하는 생각을 했었다.

◆ 앞으로 만들어 보고 싶은 영화가 있다면 무엇인가?

인력과 장비, 기술의 한계가 있기는 하지만 판타지 장르나 SF 장르의 영화를 만들어 보고 싶기도 하다. B급 코미디물도 좋고 '인간극장'이나 '며느라기' 같은 다큐도 좋고. 다양한 형식과 방법으로 세상에 있는 이야기나 있을 법한 이야기, 없지만 상상 속에서 있을 수 있는 이야기, 우리들 삶 속의 이야기 등을 담아내고 그 안에서 연기자, 스텝 등의 역할을 해보고 싶다. 그리고 각종 영상공모전에도 도전해보고 싶다.

◆ 앞으로의 계획이나 바라는 점이 있다면 무엇인가?

나에게는 임cine 회원들과 오래오래 인연을 맺고 또 영화를 매개로 끊임없이 도전하는 삶을 살고 싶은 소박한 꿈이 있다. 경치 좋은 곳에 건물을 짓고 그 안에 소박하지만 제대로 된 작은 영화관을 만들어 같이 영화도 보고 작품도 구상하면서 재미나게 남은 인생을 살고 싶다. 그리고 지금 이 회원들이 그때까지 함께 할 수 있기를 바란다.

김연수

◈ 임cine를 시작하게 된 동기는 무엇인가?

영화 촬영에 대한 아주 지극히 작은 호기심에서 시작되었고 촬영현장을 구경하면서 나도 모르게 참여하고 싶은 마음에 따라 자연스럽게 임cine에 참여하게 되었습니다.

◈ 임cine 활동을 하면서 가장 보람 있었던 일은 무엇인가?

임cine 회원들과 촬영현장에서 다양한 생각과 의견을 절충해가면서 영화 촬영을 마무리하는 과정에서 새로운 성취감을 느낄 수 있었습니다. 그리고 임cine 여러 작품을 감상하면서 작은 나의 발자취를 접할 수 있다는 것이 가장 큰 기쁨이라고 생각합니다.

◈ 지금까지의 활동을 되돌아볼 때 아쉬웠던 점이나 후회되는 점은 무엇인가?

딱히 아쉬웠던 점을 군이 생각해보자면 멋진 시나리오를 제시하지 못해서 감독을 경험해보지 못했다는 것이 약간의 아쉬움으로 남네요.

◈ 활동을 하면서 가장 힘들었던 점은 무엇인가?

아무리 아마추어라고 해도 영화 촬영에 대한 기본지식과 카메라 등 장비에 대한 안정된 기술력이 받침이 되어 있지 않은 상태로 촬영을 하다 보니 실수하는 경우도 많았고 회원들께서 여러 가지로 많이 힘들었겠다는 생각이 듭니다.

◈ 가장 기억에 남는 에피소드나 작품은 무엇인가?

임cine 두 번째 촬영한 작품 <함께라면>입니다. 약간의 시나리오를 받고 배우로 참여하였는데 '무엇을 준비해야 할까?' 하는 질문을 나 자신에게 던져보았고 내가 살아오면서 보아왔던 일상의 모습을 최대한 자연스럽게 표현해보고자 했었는데 그 기억이 오래도록 남는 것 같습니다.

박미숙

◈ 임cine를 시작하게 된 동기는 무엇인가?

영화 동아리라고 하길래 영화감상 동아리나 영화를 보고 즐기는 동아리인 줄 알았는데 와서 보니 영화를 제작한다고 해서 '어! 이거 뭐지? 신박한데!!!' 하고 발을 담그게 되었다.

◈ 임cine 활동을 하면서 가장 보람 있었던 일은 무엇인가?

우리가 제작한 영화가 '진짜 영화가 되어서 스크린에 걸

렸을 때', 그리고 상을 받고, 가족들이 보고 특히 아이들이 보고 '엄마 대단해!!!' 하고 말해 주었을 때 감동과 보람을 느꼈다.

◆ 지금까지의 활동을 되돌아볼 때 아쉬웠던 점이나 후회되는 점은 무엇인가?

<함께라면>은 지금 생각해도 기획 의도도, 주제도 좋은 작품인데 완성도가 떨어지는 것이 아쉽다. 조금 더 공부를 하고 더 많은 시간을 투자했으면 더 좋은 작품이 나오지 않았을까 하는 미련이 남는다.

◆ 활동을 하면서 가장 힘들었던 점은 무엇인가?

반기에 한 작품씩 작품을 만들어내야 하는데 회원 모두가 각자 다양한 직업을 가지고 있으므로 촬영 시간을 맞추기 어려워 촬영 시 사람의 손이 부족함이 힘들고 안타까웠다.

◆ 앞으로 임cine의 발전 방향을 제언한다면?

꼭 발전을 해야 하나? 가능하다면... 그냥 현재를 즐기면서 부담 없이 즐겁게 작품을 만들 수 있다면 좋겠다.

◆ 앞으로 임cine 활동에 어떤 역할을 하고 싶은가?

뭐든 주어지는 역할에 충실하게 최선을 다하겠다. 내가 봐도 내 연기는 발연기이므로 연기는 빼고.

◈ 가장 기억에 남는 에피소드나 작품은 무엇인가?

<짝퉁시인> 찍을 때. 갑자기 몰아닥친 한파에 얼어 죽을 듯한 추위 속 야간 촬영 때 영혼까지 탈탈 털렸다.

◈ <나에게 임cine는 ○○이다>에 대한 답변과 그 이유는 무엇인가?

나에게 임cine는 재미와 고생이다. 평범한 내 인생에서 느낄 수 없는 재미와 고생을 주므로...

◈ 가장 기억에 남는 감독·스텝·배우를 꼽는다면 누구인가?

김보연 배우님. 몸 사리지 않는 연기 존경합니다(모든 작품에 열정적으로 몰입하였으며, 특히 <죽부인>에서는 신 들린 연기에, 빗속 맨발 투혼에, 목을 매고, 논두렁에 몸을 처박히는 등).

◈ 앞으로 만들어보고 싶은 영화가 있다면 무엇인가?

기회가 된다면 언젠가는 <슬기로운 공직생활>이라는 작품을 한번 만들어 보고 싶다. 영화라면 얘기할 수 있지 않을까? 나와 같은 생각을 하는 사람이 또 있는지 <슬기로운 공무원 생활>이라는 책이 이미 나와 있어서 깜짝 놀랐다. 조만

간 읽어볼 생각이다.

◈ 지금까지 함께 해온 임cine 다른 회원들에게 하고 싶은 말
은 무엇인가?

함께라서 할 수 있었습니다. 고맙습니다. 함께라면 할 수
있습니다. 사랑합니다.

한미연

◆ 임cine 활동을 하면서 가장 보람 있었던 일은 무엇인가?

우리가 만든 영화가 영화제에서 수상을 하고, 영화를 본 관객들이 칭찬을 해주었을 때 진짜로 보람되고 기쁜데, 그에 못지않게 현장에서 느끼는 보람도 크거든요. 제가 쓴 시나리오와 연출을 임cine분들이 이해하고 공감 해줬을 때와 배우분이 제가 의도한 대로 연기를 해주었을 때 뭔가 통하는 느낌이 들면서 전율을 느껴요. 그 맛은 은근 중독성이 있어서 그 맛에 힘들어도 하고 있지 않나 생각이 드네요.

◈ 활동을 하면서 가장 힘들었던 점은 무엇인가?

이해받지 못할 때와 내 머릿속에 있는 그림이 연출로 나타나지 않을 때 정말 속상하고 힘이 듭니다. 나만 좋아서 할 수 있는 작업이 아님을 절실히 느끼는 때이기도 한데요. 시나리오 회의할 때 몇 날 며칠 불면의 밤을 보내고 시나리오를 작성해 갔는데 회원분들에게 이해받지 못해 다른 방향으로 또 다시 시나리오를 수정해야 해서 앞과 뒤에 씬들이 다 허물어질 때면 제 마음도 같이 허물어지죠.(웃음) 또 내 생각대로 연출이 되지 않을 때, 눈물이 찔끔 나올 정도로 속이 상하죠. 욕심이니 접어야 한다고 생각하면서도 최선의 연출을 찾기 위해 고군분투해보지만 역시 욕심으로 끝나버릴 때 안타까움에 잠을 잘 자지 못하기도 하죠. 지금 생각해보면 그게 뭐라고 그렇게까지 했나 싶어 웃음이 나지만 그때 만큼은 그게 정말 중요하게 생각되거든요. 영화에 진심인편입니다.(웃음)

◈ 앞으로 임cine 활동에 어떤 역할을 하고 싶은가?

어떤 역할이든 주어진 역할을 잘 해내고 싶어요. 연출과 시나리오, 촬영, 소품 등 맡은 역할에 최선을 다해서 열심히 할 자신은 있는데, 연기는 제가 제일 부담을 느끼는 분야라서 연기만 아니면 좋겠어요.(웃음) 때로는 앞에서 이끌고 때로는

뒤에서 밀어주며 임cine에 으쌰으쌰 활력소가 되고 싶어요. (웃음)

◆ <나에게 임cine는 ○○이다>에 대한 답변과 그 이유는 무엇인가?

<나에게 임cine는 중2다>라고 말하고 싶어요. 저에게 가장 행복했던 때가 언제였냐고 물어보면 "중학교 2학년 때"라고 답하는데, 이유는 그 누구의 눈치도 보지 않고 하고 싶은 대로 말하고, 소신껏 행동하고, 나만의 착각일 수 있겠으나 선생님과 친구들이 나를 다 좋아해 주고, 학교 가는 것이 마냥 즐거웠기 때문입니다.

저는 임cine에서 활동하면서 중학교 2학년 그 시절의 내 모습이 생각났어요. 좀 수다스럽고 오지랖 넓어 보일 수도 있겠지만 눈치보지 않고 스스럼 없이 행동했거든요.

선생님과 친구들이 나를 좋아해 주었듯이 임cine 회원분들이 나를 좋아해 줄지는 의문이지만 좋아해 줄거라 믿으며, 앞으로도 임cine에서는 중학교 2학년인 저의 모습을 보게 될거예요.(웃음)

◆ 가장 기억에 남는 감독·스텝·배우를 꼽는다면 누구인가?

저는 세 분이 가장 기억에 남는데요. 먼저, <할머니의 상장>에서 열연을 해주신 이순자 배우인데요. 무척 더웠던 한 여름에 촬영을 했는데 팔순의 나이임에도 최선을 다해주시는 모습에서 마음이 뭉클했어요. 다음, 정도영 배우님은 <죽부인> 주인공으로 명품 연기를 해주셔서 감사한 마음과 동시에 저와 가장 많이 싸운 분이어서 기억에 많이 남아요.(웃음) 우리 믿보배 김보연 배우님은 <비온 뒤>와 <죽부인>에서 열연을 해주셨는데, <비온 뒤>에서는 땡볕에 이글거리는 아스팔트 위에 누워 있었고, <죽부인>에서는 춥고 비까지 오는 10월에 물이 고인 논두렁에 누워 시체 연기를 했어요. 몸을 사리지 않는 열정으로 연기를 해주셔서 늘 감사한 마음입니다.

◆ 앞으로 만들어 보고 싶은 영화가 있다면 무엇인가?

영화는 역시나 재미있고 흥미로워야 한다고 생각해요. 관객의 눈과 귀와 마음을 사로잡아 쏙 몰입하게 만들고, 영화 감상 후에는 이야깃거리가 풍부한 영화를 만들고 싶어요. <죽부인> 시나리오를 쓰면서 장르물에도 흥미가 생겨서 오싹 오싹 무서우면서도 위트와 반전이 있는 스릴러물도 재미있을 것 같고, 인간의 이중성과 사회의 부조리를 해학적으로 꼬집는 영화도 만들고 싶습니다.

황경애

◆ 임cine를 시작하게 된 동기는 무엇인가?

우연히 영화에 대한 강의 프로그램이 있어서 참석하여 수강하면서 영화를 만드는 작업에 동참하게 되었습니다.

◆ 지금까지의 활동을 되돌아볼 때 아쉬웠던 점이나 후회되는 점은 무엇인가?

일상생활과 업무에 바쁘다는 핑계로 처음에 가졌던 열의가 지속되지 못하고 나중에는 회원들에 대한 미안함 때문에 마지못해 모임에 참석하기도 한 점이 아쉽네요. 조금 더 적극적인 활동을 하지 못한 부분이 후회됩니다.

◈ 임cine 활동을 하기 전과 후의 변화된 점은 무엇인가?

영화 동아리를 하기 전에는 영화를 관람할 때 스토리 위주로 감상했는데, 영화 동아리 참석 후에는 영화를 관람할 때 화면과 촬영기법 그리고 영화 마지막 자막 엔딩 부분 즉 영화 제작에 수고하신 분들의 이름 등을 끝까지 관람하는 습관이 생겼습니다. 한 편의 영화를 위해서 얼마나 많은 분들의 피와 땀이 얼룩져 있는지를 몸소 체험했기 때문입니다

◈ 활동을 하면서 가장 힘들었던 점은 무엇인가?

영화를 촬영하는 시점이 7월~8월 무더위이거나, 12월~1월 한겨울이어서 숨통을 조이는 무더위와 살을 에는 칼바람을 맞으며 힘들게 야외촬영했던 부분이 많이 힘들었고, 그래서 '영화인들의 삶이 우리가 보는 것처럼 화려하고 좋지만은 않겠구나' 그런 생각도 했습니다.

◈ 가장 기억에 남는 에피소드나 작품은 무엇인가?

첫 작품이었던 <비온뒤>가 가장 기억에 남는 영화입니다. 처음에 제목이 다른 것이었는데 영화 촬영하는 날 계속 비가 와서 제목을 <비온뒤>로 변경했던 기억에 남습니다.

◈ 가장 기억에 남는 감독·스텝·배우를 꼽는다면 누구인가?

열정적이고 욕심이 많아서 계속 오케이 싸인을 아꼈던 한미연 감독이 기억에 많이 남습니다.

◈ 앞으로 만들어보고 싶은 영화가 있다면 무엇인가?

짧으면서 가슴에 강하게 울림이 오는 그런 영화를 만들어 보고 싶습니다.

영화! 호기심의 시작~

김연수

2016년 수박의 단내가 흠씬 풍기는 무더운 어느 여름날 토요일. 정확한 날짜는 기억나지 않지만 마음속 한쪽에 강력하게 자리 잡은 그 날은 이러했다.

더위를 피해 계곡 펜션에서 고기도 굽고 소주잔 기울이며 삶의 짐을 잠시 내려놓자고 모처럼 작당한 곳으로 가던 중 며칠 전 모임 "처음처럼"에서 이차섭 형님(일명 이PD)이 영화 동호회 임cine 활동에 대해 열변을 토하시는 모습이 떠올라 전화를 걸었다. 벨소리가 멈추고 낯익은 목소리가 들려왔고 어디로 가야 되냐고 물으니 청웅면 소재 ㅇ마을 회관으로 오라고 하면서 급하게 전화가 끊겼다.

설레는 마음으로 단숨에 도착한 곳에서는 <비온뒤> 영화 촬영이 한창 진행 중이었다. 분주함과 정적이 지속적으로 교차되는 모습에 나도 모르게 먼발치에서 뻘쯤하게 구경을 하면서 조금씩 현장에 익숙해질 즈음, 사람이 없어서 그러는데 붐마이크 좀 잡아 달라고 하는 이차섭 형님의 요청에 무의식적으로 덥석 붐마이크를 잡게 되었고, 급기야 보건소에서는 의사 가운을 건네받고 의사 역할로 출연을 하기도 하였다.

이것이 임cine 영화 동호회를 시작하게 된 첫날 첫 경험이었고 그 때를 생각하면 입꼬리가 저절로 올라가는 즐거움에 아직도 많이 흐뭇하다. 그해 9월경부터 임cine 동호회에 가입하고 이은상 감독님의 영화제작에 대한 명강을 함께 하면서 3편의 수료작을 촬영하게 되었다. 당연히 영화 촬영시 1인 다역은 필수 조건으로 작용했다. 카메라도 잡았다가 출연자로 시나리오를 외워서 연기도 하고 오디오 붐마이크도 잡았다가 소품을 날라주는 허드렛일에 정신줄을 놓기도 하였고 밤새도록 가편집에 정신없이 몰입한 적도 있었다.

그렇게 여러 사람의 땀과 노력으로 한 편의 단편영화가 탄생하여 마주하는 그 순간은 전기에 감전되어 온몸에 흐르던 짜릿함 같은 전율을 느끼게 해주었다. 특히 영화를 보면서 촬영 당시 있었던 현장의 비하인드와 에피소드는 오롯이 영화 제작에 참여한 사람의 전유물이자 웃음을 만들어내는 기폭제로 작용하면서 영화에 대한 애착을 더욱 높여 주었다.

하지만 시간이 흐를수록 영화제작에 대한 현실적 부족함을 많이 느낄 수 가 있었다. 작품성을 높여야 한다는 부담이 생기게 되어 유명한 배경음악을 인용하고 무난한 편집을 추구하는 것에 동조하는 내 모습을 보게 되면서 아마추어가 가져야하는 새로움에 대한 호기심과 도전정신이 줄어드는 것은 못내 아쉬움으로 남았다.

돌이켜 생각해보면 임cine 활동에 빠질 수 있었던 것은 새로움에 대한 호기심과 현실에서 이루지 못하는 것을 실현해 볼 수 있다는 기대감이 크게 작용한 결과라고 생각된다. 아마추어인 내가 단 몇 초의 배경음악을 작곡하고 단 한 줄의 시나리오를 만들어 한 컷의 명장면을 만드는데 일조하는 소확행을 이루고 싶다.

그 날을 위해~ 파이팅!

영화, 또 다른 나를 만나는 재미

김보연

영화는 나에게 하나의 힐링 영양제였다. 박사 논문을 쓰던 해, 3번의 혹독한 심사를 위한 논문 작성을 마무리하고 나면 나는 어김없이 영화관으로 향했다.

그때 본 영화는 <인터스텔라>인데 3시간이 넘는 영화를 3번 봤다. 볼 때마다 다양한 해석을 할 수 있었고 그 시간은 오롯이 수고한 나를 위한 선물 같은 시간이었다.

나는 주로 영화를 혼자 본다. 남편과도, 친구와도 함께 보는 경우는 거의 없다. 주로 배우를 기준으로 영화를 선택해 혼자만의 시간을 보낸다. 혼자일 때 배우가 연기하는 역할이 느끼는 감정에 더 몰입할 수 있는 것 같다. 영화를 보고 울고 웃으며 나는 내가 경험하지 못했던 상황과 감정을 상상한다.

마음이 울적할 때 혹은 영화를 통해 다른 삶의 의미를 느끼고 싶을 때 그것도 아니면 그저 시간을 메우기 위해서 나는 항상 영화관으로 발걸음을 옮겼다.

배우를 통해 그리고 배우가 연기하는 새로운 인물의 삶을 통해 내 삶을 돌아볼 수 있었고 더 열심히 살아야겠다는 다짐을 하기도 했다. 다른 인물의 삶 속에서 내 삶을 보았고 내 삶을 다시 가다듬었다. 그래서 나는 영화가 좋다.

처음 귀농한 옆집 아낙네를 못마땅해 하는 원주민(비온뒤의 임실댁 역)을 연기하면서 나는 신기한 경험을 했다. 아낙네를 향해 화난 목소리와 감정으로 소리를 지를 때 그것이 마치 진짜 내 감정인 것처럼 느껴졌던 것이다. 마치 내가 진짜 임실댁이고 아낙네를 향한 분노의 감정이 진짜 내 것인 듯한 느낌! 새롭고 놀랍고 신기했다.

배우들이 역할에 몰입한 후 드라마나 영화가 끝났을 때 쉽게 감정이 정리되지 않아 힘들어 하는 것을 처음 느낄 수 있었다.

아낙네를 미워하다 화해하는 임실댁부터 새로운 사랑을 찾는 중년의 이혼녀, 자식교육에 열성이면서도 입이 가벼운 독서모임 회원, 택배기사를 따뜻하게 챙겨주는 동네 다방 주인, 열심히 살려고 하는 갱년기 여성에게 직장에서 갑질을 하는 마트 매니저, 아나운서, 귀신까지. 현실에서는 살아보지 못하고 살 수 없는 삶을 영화를 통해 살아봤다.

기회가 된다면 다른 영화제작 현장에 배우로, PD로, 그 외 다른 스텝으로 참여를 해보고 싶다는 생각도 해본다. 그 모든 것은 내 삶 속에서 하나의 도전이자 성장의 기회가 될 것이다. 앞으로도 나는 지금처럼 영화라는 큰 테두리 안에서 내가 경험해볼 수 있는 많은 것들을 해보려 한다. 내가 그렇게 살고 싶기 때문이다.

누구나 원하는 삶이 있다. 지금까지 자신이 살고 싶은 대로 살아온 사람 또한 많지 않을 것이다. 원하는 것이 있어도 직장 때문에, 가족 때문에, 아니면 또 다른 이유 때문에 해보지 못한 것이 있다면, 그 가운데 하나가 혹 영화라면 이 책이 당신에게 약간의 용기를 불어넣었으면 한다.

이 책을 읽고 당신도 한 번쯤은 '나도 한 번 해볼까?' 하는 마음이 들기를….

그래서 당신이 조금 더 행복해질 수 있기를….

'영화를 만드는 동아리' 라구요!

박미숙

　나는 매주 월요일 영화동아리에 간다. 이렇게 말하면 사람들의 반응은 하나같이 비슷하다.

　"영화감상 동아리군요? 어떤 영화를 주로 봐요? 영화를 보고 토론을 하는 건가요?"

　그러면 나는 이렇게 말한다.

　"아니오. 영화를 만드는 동아리예요."

　"네? 진짜 영화를 만든다구요?"

　"네, 단편영화를 제작하는 동아리예요. 벌써 7편이나 만들었는

걸요!"

이렇게 대답하면 믿을 수 없다는 표정이 되곤 한다.

그렇다! 우리는 영화를 7편이나 만들었다. 그리고 지금은 8편째의 영화를 준비 중 이다.

'신이시여! 정녕 이 영화를 우리가 만들었단 말입니까?'

이렇게 말할 만한 영화는 딱히 없지만, 한 편 한 편 우리의 피, 땀, 눈물이 들어간 영화들이라 내 자식처럼 소중하다.

영화를 좋아하는 나는 2016년 처음 주민시네마스쿨 수업을 신청하고 첫발을 디딜 때만 해도 참으로 가벼운 마음이었다. 영화감상을 하고 영화 제작과정을 배우고 기껏해야 디지털 카메라 사용법을 배우는 것이리라 막연한 생각을 품고 있었을 뿐! 내가 진짜 영화를 제작하게 되리라는 생각은 1도 없었다. 그랬었는데... 빠밤!

정말 영화를 제작했다! 아니 제작해야만 했다. 2016년 상반기 우리 임cine의 첫 영화 <비온뒤>는 다행히도 임실로 귀농한 회원이 있어 현지인과 귀농인의 갈등이라는 참신한 소재를 제공하여 주었다. 그 소재로 시놉시스를 만들고 회원들이 각자 시나리오를 쓰기로 했는데 어쩌다보니 나와 한미연 감독만이 써와서 둘의 공동시나리오 작업으로 한감독이 첫 메가폰을 잡고 나는 촬영을 맡았다.

시나리오를 영화가 될 수 있게 만드는 것은 힘든 작업이다. 그러나 촬영을 해보면 알게 된다. 촬영이 더 힘들다는 것을. 그러나

편집을 해보면 알게 된다. 편집은 더욱 더 힘이 든다는 것을. 편집은 후회와 미련과 스트레스와의 싸움이다. 지쳐 포기할 때가 편집을 마칠 때이다!

첫 영화 <비온뒤>를 만든 후로 아무리 재미없는 영화라 해도 함부로 말할 수 없게 되었다. 그리고 영화가 끝난 후 엔딩 크레딧이 올라가는 것을 가능하면 끝까지 보려한다. 영화인만이 알리라! 엔딩 크레딧에 담긴 그들의 자부심을!

나는 임실군 주민시네마스쿨 제1회 멤버 중 주민시네마스쿨에 계속 참여하고 있는 사람이 단 한명도 없음을 의아하게 생각했었다. 그런데 영화를 만들어보고 저절로 알게 되었다. 그 이유를...

영화를 만드는 일은 정말 정말 정말 힘든 일이다. 그럼에도 불구하고 나는 지금도 이 영화판에서 발을 빼지 못하고 있다. 그러면서 계속 생각한다. 나는 왜 이 힘든 일을 계속 하고 있는 거지?

우리 임cine는 모두가 멀티플레이어다! 회원들이 직접 시나리오를 쓰고 콘티를 그리고 연출을 하고 촬영에 사운드, 붐마이크에 의상, 분장, 소품, 조명까지. 스텝은 많을수록 좋다. 게다가 연기까지 회원들이 해야 한다. 연기가 좀 되는 회원은 작품마다 겹치기 출연을 할 수 밖에 없다. 같은 배우가 여러 작품에 출연 하는데 분장으로 다른 분위기를 만들어 낼 실력도 없다보니 우리가 만든 영화가 모두 비슷해 보일까봐 두렵다.

매년 신입회원을 뽑지만 새로 들어온 회원 중 끝까지 남는 수는 많아봐야 고작 1~2명. 상황이 이렇다 보니 회원들에게 등 떠밀려 어쩔 수 없이 나도 연기라는 것을 하게 되었다. 심지어 내가 연기를 한다!!! 내가 연기를 한다는 말에 나의 베프가 재밌겠다고 했다. 무슨 뜻인가 알고 보니 나의 발연기 때문에 재밌겠다는 말이었다.

그런데 그런 발연기나마 스크린에서 엄마 모습 보는 것을 좋아해주는 딸아이도 있고 함께하는 회원들과의 의리도 있기에 뒷담화 3인방이든 2인방이든 엑스트라 출연은 마다하지 않았다. 그러나 손, 발이 오그라드는 발연기를 하는 나의 모습을 보면 '이젠 그만 영화판에서 발을 뺄 때가 되었구나' 라고 사무치게 느낀다.

그럼에도 불구하고 나는 매주 월요일이 되면 또 동아리 모임에 간다. 영화를 만드는 일도 마약처럼 중독성이 있나 보다. 이젠 우리가 영화 관련 책도 낸단다. 무려 시나리오집이란다. 무척 당황스럽지만, 한편으로는 기쁘고 자랑스럽다. 책을 보며 좋아할 나의 딸, 아들을 생각하니 절로 미소가 지어진다. 언젠가 내가 할머니가 되어 나의 사랑하는 딸, 아들, 손주들과 우리 집 작은 방에 스크린 하나 걸고 옹기종기 모여서 내가 만든 영화를 상영하는 가족영화제를 해볼까? 소박한 행복을 꿈꿔본다!

영화인인 내가 나는 참 좋다!

초등학교 2학년 때 학교를 마치고 집에 함께 가는 친구가 있었다. 말더듬이 심한 친구였는데, 엄마는 개랑 놀더니 너도 말을 더듬게 되었다며 핀잔을 줬다. 그래서 그런지 지금도 흥분하면 말을 더듬곤 한다.

자연히 집에 가면서 이야기를 하는 쪽은 주로 나였는데, 그 친구는 박장대소를 하며 재미있어 했다. 매일 나에게 이야기를 해달라고 졸라댔다. 이야기 밑천이 다 떨어졌지만 친구의 좋은 리액션에 힘을 얻어 나의 상상력은 점점 커져갔다.

드디어 새로운 이야기를 만들어 내는 경지(?)에 이르렀다.

그로부터 40여 년이 흐른 지금 나의 취미는 단편영화 만들기다. 내 이야기를 듣고 환하게 웃어주는 친구를 보며 뿌듯하던 그 기억이 영화를 만들게 된 계기가 아닐까 싶다. 누군가 나의 이야기를 듣고 공감해주는 그 기분을 다시 느껴보고 싶은 것이리라.

6년 전 우연히 한 장의 포스터를 보게 되었다. 영화를 만들 시민을 모집하는 포스터였는데 강한 호기심이 일었다. 강의를 듣고 영화를 만드는 작업에 참여하면서 그동안 잊고 살았던 순수한 나의 모습을 되찾기 시작했다.

말이 많아지고 하고 싶은 말을 직선적으로 하는 내가 처음에는 낯설었다. 30년 넘게 직장생활을 하면서 현실에 순응(?)하며 살아왔는데 영화를 만들면서 일상의 활력을 느끼게 되었다. 모르는 것을 배우는 학생이 된 기분도 좋고, 서로 이야기를 나누며 새로운 이야기를 만들어 내는 과정도 즐겁다. 영화를 만들면서 행복한 나로 돌아가는 시간이 소중하게 다가온다.

임cine는 어느덧 6년 동안 9편의 영화를 제작했다. 게다가 이렇듯 영상시나리오집까지 나오게 되니 뿌듯한 마음에 미소가 절로 지어진다. 나는 세 편의 시나리오를 구상하여 연출을 했고 여섯 편의 영화에 분장 등 스텝으로 참여했다. 2016년 처음 연출했던 작품 <비온뒤>가 영광스럽게도 2016년 한국

영상문화제전에서 우수상을 받게 되었다. 우리가 만든 영화를 좋아해 주는 관객들이 있다는데 희열을 느꼈다. 그 희열은 중독성이 있다. 또한 많은 어려움을 해결해주는 열쇠이기도 하다.

생각이 다름에서 오는 의견충돌과 영화를 만드는 열악한 환경이 힘들 때가 있다. 연출과 배우, 스텝을 동아리 사람들로 모두 충당하기에는 버거운 게 현실이다. 하지만 좋은 한 컷을 위해 같이 노력하는 동아리 회원들의 뜨거운(?) 동료애가 있기에 힘을 얻는다.

9살, 그때의 내 친구처럼 나의 이야기를 재미있게 들어 줄 관객들을 상상하며 오늘도 시나리오를 구상한다. 밑천이라고는 고민하는 시간들과 열정뿐인 순수 아마추어 영화인인 내가 나는 참 좋다.

영화는 삶의 활력소

황경애

우리가 인생을 살아가면서 항상 좋은 일과 행복한 일만 연속하여 진행되는 것은 아닌 듯하다. 그러면 인생이 재미없어지니까 조물주께서 변화를 주기 위해서 시련도 주고 행복도 주는 것은 아닐지?? 나도 50여 년 인생을 살아오면서 정말 죽을 만큼 탈진하고 힘든 시간도 있었고, 가슴 떨리고 벅찬 행복의 시간도 있었던 것 같다.

특히 행복의 시간 중에 영화는 빼놓을 수 없는 요소이기도 했다. 나는 어린 시절부터 영화를 참 좋아했다. 텔레비전이 흔

하지 않았던 시절, 토요일 밤 늦게 상영하는 주말의 명화를 보기 위해 고된 농사일로 주무시는 부모님 몰래 소리를 아주 작게 틀어놓고 텔레비전에 딱 붙어서 조마조마 하면서 2시간여 보는 영화의 맛은 정말 꿀맛이었고, 기쁨과 희열 자체였던 것 같다. 그런 의미로 영화는 우리 삶과 어떤 관련이 있는 것일까?

나는 개인적으로 영화 보는 것을 어린 시절부터 무척이나 좋아했기에, 어렸을 때는 영화관을 갈 수 있는 여건이 되지 않아서, 마을 회관에 들어와서 상영하는 하얀 벽에 쏘아서 보는 영화가 오기로 되어 있는 날을 손꼽아 기다리며 설렘으로 잠을 설치곤 했던 기억이 있다.

그 후엔 조금이라도 시간이 생기면 극장으로 달려가거나, TV, 인터넷을 통해 영화를 즐겨보곤 했으며, 특히 혼자 고독하게 보는 영화를 즐겼다. 개인적인 생각으로 영화는 지인과 함께 보는 것도 좋지만, 오롯이 혼자 보는 고독 영화는 영화 속에 파묻혀 깊이 심취되어서 영화의 깊은 맛을 느낄 수 있기에 남다른 기쁨이 있다.

임실군에 작은별 영화관이 생기면서 영화에 대한 갈증이 많이 해소되었고, 신작 영화는 거의 싹쓸이로 관람하던 중, 우연히 임실 시네마스쿨을 통해서 영화에 대한 기본 교육과 영화제작에 직접 참여하게 되었다. 특히, 임cine 영화동아리 멤버로 활동하며 조감독, 단편 배우, 소품담당, 촬영, 편집 등 다양한 분야를 접해 볼 수 있는 좋은 기회가 되었다. 그동안 영화를 관람 할 때는 그저 스토리 위주로 영화를 봤었는데.

임cine 영화동아리 참여 후에는 영화 모든 장면 하나 하나를 세심하고 꼼꼼하게 보게 되었고, 어떤 특이한 장면이 나오면 저런 장면은 어떻게 촬영되었는가를 생각해보면서 심도 깊은 영화 매니아가 되었다. 우리 임cine 동아리 첫 작품은 한미연 감독의 <비온뒤>였는데 태양이 이글거리는 8월 가장 치열하고 무더운 여름에 촬영하면서 많은 에피소드가 있었다.

또한 1월 추위에 촬영한 <함께라면>도 살을 에는 바람과 추위에 떨고, 고생하면서 촬영하는 고통도 있었지만 "한 송이의 국화꽃을 피우기 위해 봄부터 소쩍새는 그렇게 울었나보다"라는 시 구절처럼 고통과 시련 후에 완성된 우리의 단편 영화를 보면 가슴 뿌듯한 벅찬 감동을 맛볼 수 있었다. 영화는 우리 삶의 거울이고 그림자라고 생각한다.

나는 우리 삶의 모습이 그대로 녹아 나오는 영화를 무진장 사랑한다.

과거에도, 지금도, 미래에도 쭉 ～～～～

더불어 영화를 사랑하는 우리 영화 동아리 임cine도 영원히 계속될 것이다.

01 영화1 - 비온뒤(한미연 연출) / 15min ｜ Color

2016 한국영상문화제전 블루부문 시민영상 우수상
2016 전북사랑 UCC 공모전 일반부 대상
2016 제12회 시민영상제 개막작
2016 제2회 임실군 우리마을 영화제 개막작
2019 제2회 고창 농촌영화제 상영작
2019 제1회 임실작은영화제 상영작(함께 해요 임씨네 영화이야기)

02 영화2 - 함께라면(박미숙 연출) / 18min ｜ Color

2017 전북사랑 UCC 공모전 우수상
2018 제13회 시민영상제 상영작
2019 제1회 임실작은영화제 상영작(함께 해요 임씨네 영화이야기)

03 영화3 - 할머니의 상장(한미연 연출) / 15min ｜ Color

2017 전북사랑 UCC 공모전 일반부 장려상
2019 제1회 임실작은영화제 상영작(함께 해요 임씨네 영화이야기)

04 영화4 - 짝퉁시인(박미숙 연출) / 19min ｜ Color

2018 전북사랑 영상공모전 우수상
2018 제14회 시민영상제 상영작
2019 제1회 임실작은영화제 상영작(함께 해요 임씨네 영화이야기)

05 영화5 – 으랏차차! 병만씨(김보연 연출) / 15min | Color

2019 전북사랑 영상공모전 장려상
2019 전북사랑 영상공모전 특별상(연기부문, 김보연)
2019 제1회 임실작은영화제 상영작(함께 해요 임씨네 영화이야기)

06 영화6 – 족욕기(김혜옥 연출) / 18min | Color

2018 「전라북도 주민시네마스쿨」 제작지원작
2019 전북사랑 영상 공모전 우수상 수상(임실군수상)
2019 전북사랑 영상공모전 특별상(연기부문, 김보연)
2020년 제21회 전주국제영화제 지역공모 선정작(코리안 시네마 단편 부문 상영작)(심사평 : <족욕기>는 지역 공동체 영상 실습 프로그램의 일환이면서도 이 같은 영화들의 상투성을 넘어선다는 평가를 받았습니다. 한 중년 여성의 내면에 순간적으로 불어온 돌개바람을 잘 포착한 이 영화의 사례는 이후 만들어질 공동체 영화에 모범이 될 수 있으리라 생각됩니다.)
2019 제1회 임실작은영화제 상영작(함께 해요 임씨네 영화이야기)

07 영화7 – 유별난 인생(정도영 연출) / 16min | Color

2019 제15회 시민영상제 상영작

2019 제1회 임실작은영화제 상영작(함께 해요 임씨네 영화이야기)

08 영화8 - 죽부인(한미연 연출) / 18min ㅣ Color

2019 제4회 임실군 우리마을 영화제 상영작(개막작)
2019 제1회 임실작은영화제 상영작(함께 해요 임씨네 영화이야기)
2020 전북사랑 영상 공모전 특별상 수상(베스트 창작상)(임씨네)
2020 전북사랑 영상 공모전 우수상 수상(임실군수상)

09 영화9 - 마지막 용돈(권영대 연출) / 17min ㅣ Color

2020 「전라북도 주민시네마스쿨」 제작지원작
2022.1.20. 임cine 첫 상영회 상영작

10 기타

2018 KBS 전주방송국 인터뷰 및 뉴스 방영
2018 티-브로드 우리동네 TV 제4회 방영(2018. 6. 12.)(비온
뒤)(https://www.youtube.com/watch?v=9VNoyASg4FI)
2018년   시민영상제   상영(2018.12.8)(짝퉁시
인)(https://www.youtube.com/watch?v=n7Ts7dnywfw)
2019 「전라북도 주민시네마스쿨」 상영지원(제1회 임실
작은 영화제 개최)

[임cine 이모저모]

우리, 영화 좀 찍어요! <임cine 영상시나리오집>

초판 1쇄 인쇄 | 2022년 2월 22일
초판 1쇄 발행 | 2022년 2월 22일

지은이 | 임cine
엮은이 | 김보연

발행인 | 김보연
펴낸곳 | 이음미디어
등록일 | 2019년 3월 19일, 제476-2019-000003호
주   소 | 전북 임실군 관촌면 병암2길 51
메   일 | ein30@naver.com

ISBN 979-11-966639-1-9 03680

책값 25,000원